FÉLIX LECLERC

Né à La Tuque, en Haute-Mauricie, en 1914, Félix Leclerc a d'abord été annonceur dans une station radiophonique de Québec, puis de Trois-Rivières, après des études au Juniorat du Sacré-Cœur et à l'Université d'Ottawa. Arrivé à Montréal, en 1939, il interprète sa première chanson sur les ondes de Radio-Canada où il se fait aussi connaître comme comédien. Il obtient un grand succès littéraire avec sa trilogie *Adagio*, *Allegro* et *Andante*, et avec ses pièces de théâtre. En 1950, il se produit sur la scène de l'ABC de Paris et est rapidement consacré vedette internationale. Lauréat du Grand Prix du disque de l'Académie Charles-Cros, à trois reprises, il obtient plusieurs distinctions au cours de sa prestigieuse carrière. Son prénom est associé à un trophée, le Félix, remis à l'occasion du gala annuel de l'Association de l'industrie du disque du Québec. Il meurt le 8 août 1988, dans l'île d'Orléans, où il s'était réfugié dans les années 1960.

LE HAMAC DANS LES VOILES

Ce recueil est composé de douze récits que Félix Leclerc a puisés dans sa célèbre trilogie : *Adagio, Allegro et Andante*. La trilogie avait connu un énorme succès et, comme chansonnier, Leclerc triomphait en Europe en ce début des années 1950, ce qui a sans doute encouragé l'auteur et Fides, son premier et principal éditeur, à offrir alors cet ouvrage au public. Les douze récits retenus comptent parmi les meilleurs des trois livres dont ils sont issus, tant du point de vue de la qualité de l'écriture que du point de vue de la thématique exploitée. Le premier, qui donne son titre au recueil, est extrait d'*Andante;* sept sont tirés d'*Allegro* et quatre, d'*Adagio*. Chacun des contes nous éclaire sur la vision du monde de Félix Leclerc et sur ses qualités exceptionnelles de conteur. Cinquante ans après leur publication, ces pages de Félix continuent de charmer des milliers de lecteurs et de lectrices.

D1089246

LE HAMAC DANS LES VOILES

FÉLIX LECLERC

Le hamac dans les voiles

Présentation d'Aurélien Boivin

BIBLIO ▪ **FIDES**

Photo de la couverture : © André Nantel/Shutterstock.com
Conception de la couverture : Gianni Caccia
Mise en pages : Marie-Josée Robidoux

*Catalogage avant publication de Bibliothèque et Archives nationales
du Québec et Bibliothèque et Archives Canada*

Leclerc, Félix, 1914-1988

Le hamac dans les voiles

(Biblio-Fides)

Éd. originale: 1951.

ISBN 978-2-7621-3450-6 [édition imprimée]
ISBN 978-2-7621-3451-3 [édition numérique PDF]
ISBN 978-2-7621-3452-0 [édition numérique ePub]

I. Titre.

PS8523.E27H3 2012   C843'.54   C2012-940940-5
PS9523.E27H3 2012

Dépôt légal : 3ᵉ trimestre 2012
Bibliothèque et Archives nationales du Québec
© Éditions Fides, 1951

La maison d'édition reconnaît l'aide financière du Gouvernement du
Canada par l'entremise du Fonds du livre du Canada pour ses activités
d'édition. La maison d'édition remercie de leur soutien financier le
Conseil des Arts du Canada et la Société de développement des entreprises
culturelles du Québec (SODEC). La maison d'édition bénéficie du
Programme de crédit d'impôt pour l'édition de livres du Gouvernement
du Québec, géré par la SODEC.

IMPRIMÉ AU CANADA EN JUIN 2013

Présentation

Un florilège

En 1952, sans doute inspiré par l'énorme succès que connaît, depuis sa parution, la trilogie des contes de Félix Leclerc, constituée des recueils *Adagio, Allegro* et *Andante*, et, surtout, pour profiter du retentissant triomphe du chansonnier acclamé à Paris et à travers la France, la Belgique, la Suisse, et couronné par l'Académie Charles-Cros (1951), l'éditeur Fides décide, avec l'assentiment du conteur lui-même, de publier *Le hamac dans les voiles.* Ce recueil est composé de douze récits que l'auteur puise essentiellement dans sa trilogie. Le premier, qui donne son titre au recueil, est extrait d'*Andante,* dernier volet du triptyque, sous-titré *Poèmes* et qui a connu moins de succès que les deux autres. Sept récits sont extraits d'*Allegro,* un recueil de fables, et quatre d'*Adagio,* le recueil le plus populaire : plus de cent mille exemplaires imprimés à ce jour.

Peut-on dégager les critères de ce choix ? Pourquoi tel conte plutôt que tel autre ? Les douze récits retenus comptent parmi les meilleurs des trois recueils, tant au regard de la qualité de l'écriture qu'à celui de la thématique exploitée. Plusieurs sont des réussites formelles : « Le traversier » est probablement le meilleur conte de Félix Leclerc. « Cantique », « Tanis » et « Procès d'une chenille » constituent, assurément, des choix logiques. Il manque toutefois « Le voleur de bois » que l'auteur a peut-être jugé trop moralisateur mais qui n'en demeure pas moins un document sociologique de grande valeur.

Le choix des sept fables du recueil *Allegro* est, lui aussi, fort judicieux : les meilleurs textes sont là. Pensons à « Sanctus », déjà présenté en lever de rideau au *Mariage forcé* de Molière, les 11, 12 et 13 avril 1943, au Gesù, par les Compagnons de Saint-Laurent, « avec l'aimable autorisation de la Société Radio-Canada », peut-on lire sur le programme, qui l'avait diffusé le 24 septembre 1942, dans le cadre de l'émission « Je me souviens », animée d'ailleurs par Félix Leclerc. « Dans l'étable » est une véritable pièce d'anthologie. « Le rival » est riche de contenu car il invite au dépassement. « Drame dans l'herbe » montre les dangers de la dépendance et illustre la nécessité du travail, de l'effort constant si l'on veut réussir. « Chez les perdrix », « Coucher de soleil » et « La vallée des Quenouilles » constituent autant de leçons de courage et de générosité susceptibles de susciter la réflexion.

Au moins trois poèmes en prose auraient pu être reproduits du recueil *Andante.* Si on comprend bien l'inclusion du « Hamac dans les voiles », le texte éponyme, on s'explique mal l'absence du « Vendeur de rêves » et de « L'albatros », deux belles réussites, souvent reproduites d'ailleurs, en entier ou en partie, dans les anthologies et les manuels scolaires.

Mais tout choix reflète le goût de l'un qui ne correspond pas nécessairement au goût de l'autre. Car, comme le dit le vieux La Fontaine dans « Le meunier, son fils et l'âne », « [...] est bien fou du cerveau / Qui prétend contenter tout le monde et son père » (Livre III, fable 1). On peut affirmer sans risque de se tromper que tous les contes retenus sont des réussites et que l'on a délibérément laissé de côté des contes par trop moralisateurs et qui, de ce fait, auraient mal résisté à l'usure du temps.

Ces douze contes nous éclairent sur la vision du monde de Félix Leclerc et sur ses qualités de conteur. Tous les textes choisis mettent en scène des pauvres, des deshérités, des défavorisés, voire des laissés-pour-compte, qui connaissent un destin tragique. Car la vie, pour Félix Leclerc, n'est pas une partie de plaisir. Si elle vaut la peine d'être vécue, elle est, par ailleurs, remplie d'embûches : l'homme et l'animal souffrent dans ces contes. Parfois, parce qu'il a mal agi, a fait une erreur, l'homme doit payer sa vie durant. C'est le cas du vieux traversier, dans le conte intitulé « Le traversier », qui raconte à la première personne, non sans regret et avec beaucoup de nostalgie, une erreur de jeunesse : la mort de sa bien-aimée qu'il avait abandonnée pour une étrangère, artiste et frivole, par surcroît. Par respect pour cette jeune fille, morte par sa faute quelques jours plus tard, il ne s'est jamais marié. La mort est d'ailleurs omniprésente dans les contes et les récits qui composent *Le hamac dans les voiles :* Thalia disparaît en mer (« Le hamac dans les voiles ») ; un ours brun, monsieur Poilu, meurt une patte prise dans un piège, en apprenant à deux petits lièvres, ses amis, l'art de mourir dignement (« Coucher de soleil ») ; le faon meurt, dans « La vallée des Quenouilles », laissant des parents éplorés qu'une mésange parviendra à raisonner ; le Noir est déjà mort dans le conte intitulé « Dans l'étable », entraînant l'arrivée d'un nouveau chien, Tigre, qui devra se résigner à son sort car, on a beau, comme lui, être le roi du *derby*, il faut quand même faire preuve d'humilité. S'il accepte d'aider Barbu, son chien compagnon, à tirer le traîneau pour conduire les enfants de la maison à l'école, c'est qu'il a compris que «ceux qui faisaient bien la vie quotidienne participaient au plus grand *derby*». La fourmi Soigneuse se résigne à se laisser manger par un prédateur («Drame dans l'herbe»); la tige de blé se prépare dignement à mourir pour mieux revivre sous la forme du pain qui nourrit les hommes («Sanctus»). D'autres échappent finalement à la mort en dépit des mauvais traitements dont ils sont victimes. C'est le cas de la chenille, que l'on croit coupable de tous les maux, qu'on abandonne au gré du courant, solidement ficelée à quelques brins de foin, qui lui servent de radeau. Elle a la vie sauve, car elle se transforme en papillon, à la grande stupéfaction de la nuée d'insectes assistant au spectacle («Procès d'une chenille»). C'est encore le cas de Tanis qu'on abandonne seul avec sa douleur à la fois physique et morale («Tanis») et de Cantique qu'on ridiculise parce qu'il est le fou du village («Cantique»). Quant à Perdrianne («Chez les perdrix»), elle aurait pu mourir d'amour si sa mère, humiliée par un oiseau visiteur des tropiques, eût persisté à refuser son amoureux Courlu.

L'univers des contes de Félix Leclerc est presque toujours manichéen: d'un côté les bons, de l'autre les méchants que les premiers s'appliquent, par leur exemple ou par leur action, à transformer, à rendre meilleurs. Parfois, un peu trop rapidement, ce qui nuit à la vraisemblance du récit. Plusieurs commentateurs, au moment de la parution de l'un ou de l'autre recueil de la trilogie (ou de cette «symphonie en trois mouvements») lui ont reproché son «ton moralisateur trop évident qui va à l'encontre même des fins intrinsèques de l'art» (Marcel Raymond, *L'Action nationale*, février 1944, p. 164). Félix Leclerc l'a reconnu et s'en est d'ailleurs expliqué quand il avoue à l'auteur de ces lignes: «Je comprends très bien ceux qui m'ont reproché ce défaut. On ne connaissait que la morale, que la religion. Il y a beaucoup de religion, mais on ne pouvait faire autrement : c'est tout ce qu'on savait, c'est tout ce qu'on connaissait. J'ai été le Québécois le plus franc qu'il n'y a pas » *(Québec français*, mars 1978, p. 48).

De telles leçons morales sont plus nombreuses encore dans *Allegro,* un recueil de fables qui s'apparente aux contes traditionnels mettant en scène des animaux que le conteur, comme La Fontaine, un de ses maîtres, entend utiliser « pour instruire les hommes », pour leur enseigner les grandes lois de la vie : fidélité au passé et à sa vocation, résignation, soumission, détermination, courage, acceptation de la souffrance et de la mort...

Rien de choquant dans l'illustration des grandes valeurs humaines. Rien de folklorique, non plus. Tout est dans l'émotion du conteur qui ne manque jamais une occasion de nous communiquer son amour de la nature, omniprésente dans la plupart des contes de la trilogie, sa joie de vivre, ce bonheur qu'il ressent au contact des êtres et des choses, des hommes et des bêtes.

Près de cinquante ans après leur publication, les contes de Félix Leclerc continuent à nous remuer, à charmer des milliers de lecteurs et de lectrices parce qu'il sait raconter une histoire, sans taire la poésie qui imprègne toute son œuvre, dans une langue simple et belle, que d'aucuns ont condamnée parce que trop régionale. Mais, il faut en convenir avec Yves Duteil (dans *La langue de mon pays),* « c'est une langue belle avec des mots superbes / [...] Qui porte son histoire à travers ses accents / [...] où la saveur des choses est déjà dans les mots / [... qui] offre des trésors de richesses infinies. »

Aurélien Boivin

Le hamac dans les voiles

Le Ruisseau-à-Rebours, vagabond ruisseau froid,
commençait dans les monts, sous les grands pins velus
où sont les caches d'ours.
En jouant, pirouettant, culbutant sur lui-même,
il dégringolait de vallon en vallon,
arrivait au village en éclatant de rire
sur un lit de cailloux.
Il jasait sous le pont, se sauvait au rapide,
léchait quelques perrons, frôlait les deux quais rouges
et rejoignait la mer.

$$* * *$$

À marée basse, l'océan le buvait ; à marée haute, il le
vomissait.

Comme bien d'autres ruisseaux, son lit était de
poussière de roche, ses bords de mousse verte, et son
plafond de grands jeux de soleil.

Les femmes l'appelaient lavoir ; les hommes, puits.
C'était le bain des filles, le boulevard des libellules, le
fleuve des feuilles mortes et, à cause de son agitation,
de sa vie, de son clair mouvement, le désennui de ceux
qui n'allaient pas au large.

Sous les petites baies d'écume circulaient des truites de la couleur du fond, que les enfants taquinaient le soir à la brunante avec des lignes à bouchons.

Le village portait le nom de ce gamin de ruisseau : À Rebours.

Un village de pêcheurs, aéré comme une barge, doux comme un temps doux, si tranquille que l'unique gendarme, oisif tout le long de l'année, s'y ennuyait à mourir, et que l'herbe poussait dans l'allée des pompiers.

Un village où l'on imagine mal la guerre, où les chevaux marchaient autant à gauche qu'à droite dans les ruelles zigzagantes.

Un village où des mots savoureux comme « beausir », « calmir », « barachois », « nordir », étaient de mode ; où l'on disait : « un poisson navigue », « espérez-moi », « la douceur » pour le sucre, où les hommes vêtus comme les paysans se tenaient unis par les trous de misère et l'espérance ; où l'on se méfiait des promesses qui passent comme des courants d'air.

Là, les hommes se fiaient à eux-mêmes, n'achetaient presque rien et se fabriquaient tout, jusqu'aux clous de bois. Ils aiguisaient leurs hameçons sur les pierres de la grève et se lavaient les mains dans le sable.

Le soleil du Ruisseau-à-Rebours sortait de la mer le matin et se couchait le soir dans les nids d'albatros.

Les maisons couleur d'espace, quelques-unes ramassées sur les buttes ou appuyées aux roches, d'autres debout au milieu des vallées, face et corps au vent, semblaient ne jamais se perdre de vue, comme des sœurs. Elles étaient séparées par des morceaux de jardins, des clôtures chargées de filets humides, des vigneaux (lits de broche où sèche la morue), par des carcasses de barges, la proue en l'air, le flanc pourri, sombrées dans la vieillesse.

C'est au bord de ce village, dans la maison voisine du phare, qu'est venue au monde Thalia l'amoureuse, la fille de Nérée, plus belle que le matin, forte, droite, têtue, hâlée par le nordais, taillée dans la lumière, fraîche comme la fleur et plus gracieuse qu'elle, qui dès l'âge de quinze ans, d'un seul coup de cheveux, d'un glissement de l'œil, faisait tourner les têtes des garçons et des hommes.

Voici ce qu'on dit d'elle au Ruisseau-à-Rebours, quand les pêcheurs au large, bien ancrés entre les deux abîmes, chacun derrière sa boîte, les lignes descendues, se décident à parler. Quand, le soir, sur les grèves, les anciens se promènent pour oublier l'époque où ils manquaient de pain, ils pensent à Thalia. Quand les femmes se bercent, se taisent et se rappellent, en taillant des manigots pour leurs hommes...

Elle avait passé son enfance, son adolescence et sa jeunesse dans la barge de son père Nérée, qui portait le nom de sa mère: *Fabie*. La barge de Nérée pouvait accommoder un équipage de huit hommes. Huit pêcheurs avec Nérée étaient à l'aise sur la *Fabie*.

Ronde, bien bâtie, tête baissée, dos aplati, flanc bien offert aux souffles, combien de fois les pêcheurs l'avaient vue s'éloigner par là-bas vers Anticoste.

Elle savait trier des bordées, danser, plonger, nager et surtout, comme une poitrine, savait bercer Thalia, sa dompteuse.

Nérée était un vieux pêcheur qui aimait les chansons, les histoires, les rimes, un des seuls qui, l'hiver, prenait un livre, pour lire, comprenait la musique, les sermons du curé, écoutait la débâcle, les rapides, les pluies, comme des voix d'ancêtres qui lui dictaient la vie. Pour sa fille il rêvait... C'était un ouvrier qui lançait des vagues de soleil au ciel, pour s'amuser; comme la mer souffle des paquets de chimères sur les quais.

Durant les longues patrouilles de silence sur la houle, il avait trop rêvé. Il croyait que les princes habitaient dans les îles, s'informaient aux pétrels où étaient les beautés.

C'était un faiseur de barges aussi, qui savait jouer du compas, du marteau, de la scie, du pied-de-roi, de la hache et de l'équerre. Sur son établi il composait des coques, rabotait le cèdre vert et parmi les copeaux surgissait une quille, une proue, un mât. Des barres au crayon rouge, des coins bien arrondis, des bons coups de varlope, du lissage où il glissait la paume de sa main, du frottage au sablé, des fioritures parfois qu'il gossait au canif quand l'ouvrage lui plaisait, voilà qui était Nérée, le faiseur de barges.

— Hop là! montons, criait-il à Thalia lorsqu'elle était gamine.

Et Thalia grimpait sur le dos de son père, traversait le quai, envoyait des sourires, saluait les hommes qui lui tiraient les tresses et lui pinçaient les jambes, montait sur la *Fabie*, aidait l'équipage à démêler les crocs, à trancher le hareng, à hisser les voiles. Les hommes en étaient fous.

Léonidas, le jeune en chandail, à la barre, le meilleur pêcheur de la côte, aux yeux couleur de tabac, au cou bien attaché sur de fortes épaules, l'assoyait près de lui, lui prêtait son ciré, l'appelait capitaine. Et Thalia, muette, les narines ouvertes et l'œil dans l'infini pointait vers Anticoste où, au dire de son père, habitaient des pêcheurs riches, avec des barges blanches, des filets de lin et des câbles de soie, où les gerbes d'eau lançaient des perles de mer.

Léonidas savait, mais espérait quand même, et sentait ses chagrins s'écraser, se vider comme des éponges, quand Thalia la belle jetait les yeux sur lui.

> Marche, vogue ma barge, nous arrivons,
>   nous arrivons.
> Tout à l'heure dans les vagues tu te reposeras.
> La pêche sera forte et si gros les poissons
>   qu'il faudra les suspendre au farte du grand mât.

Ainsi chantait Nérée, le faiseur de barges et de rimes, tandis que la *Fabie* voguait vers Anticoste.

Ils approchèrent de la fameuse île. En riant, Nérée passa les jumelles à Thalia et lui dit : « Regarde. » Elle vit des barges blanches et des pêcheurs habiles, coiffés de mouchoirs rouges, dans des câbles de soie.

Léonidas aussi regarda vers l'île, puis il baissa les yeux, vaincu. Thalia souriait, les narines battantes.

— Hop là ! montons.

Mais Thalia, pour la première fois de sa vie, au lieu de grimper sur le dos de son père, n'avait pas bougé et avait rougi. Lui, s'était retourné. Thalia était une jeune fille que le printemps ouvrait.

Elle allait seule maintenant, les cheveux en chignon, les coudes sur le corps, sans courir comme avant. Sur le quai, les hommes à son passage mettaient le doigt à leur casquette en reculant.

Quand il n'y avait pas de pêche, les soirs d'étoiles, la *Fabie*, ancrée seule dans la baie, s'agitait, clapotait, appelait. Thalia, furtivement, par le sentier du pic, répondait à l'appel, se glissait vers la grève, sautait dans une chaloupe et venait. Sur le dos de la nuit, dans d'imaginaires voyages, maintes fois la *Fabie* emporta sa maîtresse.

En mer cette année-là, Léonidas le jeune était distrait. Il manquait ses poissons, lançait mal sa pesée, soupirait aux nuages, mêlait les hameçons. Les hommes de l'équipage se moquaient de lui. À un retour de pêche, un midi, Nérée vit le jeune homme couché sur le ponton, la face dans son coude, qui pleurait.

Le même soir, rendu à terre, Nérée avait dit à Thalia :

— Tu ne viendras plus en mer.

— Je mourrai ! répondit-elle. Maintenant il est trop tard !

Mais le bonhomme fit à sa tête et partit sans Thalia. C'était un lundi, quatre heures du soir. Cent barges et plus s'apprêtaient à s'éloigner. La mer était houleuse, trépidante, l'air rempli d'iode et de sel. Quand Nérée sauta sur la *Fabie*, tout l'équipage lui tourna le dos.

Alphée, son vieux voisin, lui demanda :

— Et Thalia ?

— Elle ne viendra plus, répondit Nérée.

— Pourquoi ?

— C'est une femme maintenant, fit le père en poussant sur l'homme avec ses yeux en colère.

Alphée ne répliqua point. Il s'en fut dans la direction de Léonidas, où étaient les hommes, et dit à voix haute :

— S'il n'y avait pas d'enfants dans la barge, Thalia serait avec nous.

Léonidas avait bougé l'ancre avec son pied, mais il s'était retenu.

— Je ne suis plus un enfant, prononça-t-il calmement, et je suis prêt à le montrer à qui veut bien l'apprendre.

Alphée haussa les épaules et marmotta : « J'espère qu'il ne nous arrivera pas malheur. Elle protégeait la barge. » Le départ se fit.

De sa fenêtre, Thalia les vit s'éloigner : cent barges, toutes voiles ouvertes, une à la suite de l'autre comme des mouettes, là-bas vers Anticoste, où les pêcheurs sont riches, les goélettes blanches et les câbles en soie. Le soir fut mauvais. La nuit fut pire encore. Une tempête s'éleva. Plusieurs barges retournèrent dès la première barre du jour.

La *Fabie* rentra le surlendemain avec une maigre pêche et une voile déchirée. En route, Alphée avait dit à Nérée :

— Thalia nous portait chance. Pourquoi ne pas l'amener ?

— Elle est trop belle pour des morutiers comme vous autres ; elle n'épousera pas Léonidas. Je la garde pour un pêcheur d'Anticoste. Je la cacherai.

Voilà quelle était la folie de Nérée. Il disait à Léonidas :

— Voyons, réfléchis. Tu es un homme de semaine et c'est un homme de dimanche qu'il faut à Thalia, tu le sais. Quand elle passe dans les mouillures du jardin, les fleurs se courbent !

Il rêvait et rimait pendant que sa fille, Thalia l'amoureuse, se languissait, pendant que l'équipage s'ennuyait au large. Décidément elle avait jeté un sort sur la *Fabie*, la pêche restait petite.

— Bâtis-lui un hamac dans les voiles, si tu ne veux pas que nous la regardions, ta fille ! avait crié Alphée un soir de colère, alors que la pêche ne venait point. Il nous la faut ici dans la *Fabie*, entends-tu, Nérée?

Un hamac dans les voiles! Léonidas avait levé les yeux et tout de suite entre les deux mâts, il avait vu en esprit se balancer dans les haubans un gros hamac en toile grise, avec des glands verts qui pendaient à la tête. Nérée s'était mis à rire en traitant ses hommes de fous! Mais le hamac dans les voiles lui hanta le cerveau, et un jour... Nérée, le faiseur de barges, grimpa un matin dans les cordages et suspendit le hamac en toile grise. Plusieurs curieux vinrent examiner le rêve. Le bonhomme disait aux gens: «C'est pour l'observation, la vigie. On a vu des animaux étrangers au large. Thalia sera l'étoile. Thalia nous guidera.»

Et Thalia l'amoureuse, la poitrine oppressée par la joie, monta sur la *Fabie*, regarda sa prison qui se balançait dans le ciel et y grimpa comme vers la liberté. L'équipage s'habitua à ne la voir qu'aux repas.

Les hommes reprirent leur gaieté, Nérée, ses rimes; et Léonidas, qui était surveillé, pêchait du côté de l'ombre, pour observer à fleur d'eau le hamac avec sa tête de sirène que la vague essayait d'engloutir.

Le soir, à la dernière barre du jour, quand l'équipage tendait le filet pour prendre le hareng et se laissait. dériver, Léonidas sifflait à la lune et, vers minuit, il tirait les filets. Les poissons d'argent étaient pris par les nageoires dans les mailles d'argent. Léonidas avait les mains pleines d'argent. En regardant le firmament, il criait pour que tous le comprennent:

— Je suis plus riche que ceux d'Anticoste.

Et Nérée répliquait:

— C'est de l'eau phosphorescente, eux c'est de l'or solide!

Et rien ne venait des voiles. On eût dit que le hamac était vide, que Thalia s'était envolée par une trouée de nuages, avec les goélands à gorge jaune.

Un matin que Nérée dormait, Léonidas grimpa dans les cordages. Il voulait savoir s'il était aimé. Alphée cria :

— Descends !

Thalia, la tête hors du hamac, murmura :

— Monte !

Nérée se réveilla en sursaut, regarda en l'air et aperçut Léonidas qui approchait du hamac. Il prit une gaffe et, en criant de toutes ses forces, coupa les cordages. Comme un grand oiseau gris, le hamac tomba lentement, tournoya, et des gerbes d'eau pleines de perles se mirent à hurler.

✳ ✳ ✳

Aujourd'hui Nérée ne vogue plus depuis longtemps.

La *Fabie* pourrit sur la grève parmi le varech brun, les raisins noirs, les étoiles roses, les crabes roux, les crapauds et les vomissures de la mer. Des cailloux verts roulent près de son flanc et parlent comme des voix.

Tous les jeunes de la côte savent la légende de Thalia l'amoureuse et jamais, depuis ce temps, ils n'amènent les filles en mer. Mais plus d'un garçon pêche du côté de l'ombre, pour voir un hamac à la surface, entre les voiles.

Personne ne parle d'Anticoste. On évite de regarder de ce côté, où sont les goélettes blanches avec des câbles de soie…

Sanctus

C'est dimanche. Les prairies se renvoient les oiseaux qui cachent dans leurs ailes des échos de cloches. Les épis de blé, qui vont mourir demain sous la faucheuse, s'enlacent.

— Tu pensais à *demain* ?

— Non.

— Tu me réponds en tremblant.

— C'est la rosée qui est froide ce matin. Il fait froid, n'est-ce pas ? Et toi, tu as l'air fatigué.

— Je n'ai pas dormi cette nuit.

— Moi aussi, j'ai veillé.

— Il est arrivé, ton automne, dit-elle.

— J'ai fait mes adieux aux astres, dit-il, et j'ai vu des choses qui m'ont donné la hâte de partir.

— Tais-toi. Je ne veux pas mourir.

— C'est dimanche, dit-il doucement. Je bois mon soleil comme à un autre jour, sans penser au lundi.

— J'ai peur, reprit-elle en frissonnant.

— L'hiver est encore plus terrible que la faucheuse.

— Tu me serreras bien fort ?

— Je serai là tout près de toi ; nous courberons la tête ensemble ; ne crains pas. Repose-toi. C'est dimanche. Ta tête est lourde. Vois comme il fait beau. Bois ta rosée. Allons ! déjeune.

— Je n'ai pas faim.

— L'eau a un drôle de goût ce matin.

— Tu mettras ta tête devant la mienne ?

— Oui, oui, je passerai le premier.

— Encore un jour, et ce sera fini. Chante-moi quelque chose afin que je m'endorme.

— Je n'ai pas la voix à chanter. Je vais te raconter des choses...

— Nous n'avons pas d'ami.

— Te souviens-tu de nos amours ?

— Tu trembles !

— Veux-tu que je rappelle le matin où je suis sorti de terre, au mois de juin dernier ?

Quand je suis venu au monde ici dans ce champ, il n'y avait personne d'arrivé. Toi, tu n'y étais pas ; nos cousins non plus. Le premier voisin était à quatre rangées d'ici. Il fallait que le vent fût bien fort, pour qu'on s'entendît parler. J'étais seul dans ma rangée et je me demandais : « Pour l'amour ! qu'est-ce que je fais ici ? »

À droite, là-bas, du long de la clôture, c'étaient les pieds de bleuets ; ils étaient blancs et dormaient toute la journée. Par la gauche, tous les soirs, je voyais passer de loin une grosse voiture qu'un cheval tirait. Sur les sièges, parmi des bidons de lait, étaient assis des hommes. Ils me regardaient. Je ne savais pas pourquoi ils me souriaient.

Avant ta naissance, heureusement, j'avais un ami. Je ne t'en ai jamais parlé.

— Qui donc ?

— C'était un crapaud. Tous les soirs, entre la veille et le sommeil, il sortait de son fossé et venait me voir. Nous parlions. Il avait beaucoup voyagé, ce crapaud-là ; il s'était même rendu jusqu'au bord du fleuve. Je l'aimais malgré sa laideur. Il n'avait pas d'ami.

S'il pleuvait, je lui gardais à boire dans mes feuilles ; lui, pour me remercier, quand la nuit était descendue, il chantait des ballades avec sa voix de ruisseau, des ballades qu'il avait composées en sautant sur les roches.

— Où est-il maintenant ?

— Il est parti le jour de ton arrivée. C'était un matin de juin. À moitié endormi, j'étais à m'étirer dans la brume, lorsque je t'ai aperçue près de moi, entre deux mottes de terre grise, toute frêle, toute petite, toute belle. Lui s'en allait là-bas, à la hâte, en pliant et dépliant ses pattes. J'avais une compagne.

— N'est-ce pas que nous avons passé une belle vie ? Je t'ai appris le soleil, la lune, les points cardinaux, la tempête, la brise. Tu as grandi, grandi. Dans l'encens de la terre, tu as fait des grains de blé.

— Qu'ai-je donc fait pour mériter la mort ?

— Nous avons fait ce que nous avions à faire. Nous portons des fruits. Nous n'avons pas été inutiles.

— C'est parce que nous portons des fruits qu'il ne faut pas partir.

— Il faut rendre.

— Rendons la semence qui nous a été prêtée. Sinon la faucheuse me prendra de force.

— Même si tu te révoltais, que peux-tu faire contre la faucheuse ?

— Alors elle me prendra de force.

Et la petite se secoue.

— Si elle t'épargnait, que ferais-tu seule ici dans la neige, cet hiver, dans la prairie bouleversée ?

— Je ne veux pas mourir, gémit-elle. Je crierai à mes amis : la forêt va se soulever ; les nuages descendront pour aveugler le monstre demain ; des légions d'oiseaux ou d'animaux surgiront des bois, forceront le couteau à reculer. Il ne faut pas que l'on meure.

— Es-tu épi de blé ou chiendent?

Elle pleure. Il baisse la voix, l'enlace et continue:

— C'est dimanche, le jour de la tranquillité. Tu es ma compagne et je t'aime. Je te jure. J'ai envie de pleurer, moi aussi. Pardonne-moi. Il ne faut pas toujours courber la tête quand l'ordre vient d'un de nos frères, d'un épi comme nous, parce qu'il peut se tromper. Mais quand l'ordre vient de Quelqu'un au-dessus des épis et des clôtures et des arbres et des maisons, alors il faut courber la tête et faire Sa volonté, qu'Il nous envoie l'orage ou le soleil, qu'Il nous envoie l'amour ou la haine, qu'Il nous envoie la vie ou la mort. Il nous a envoyé l'amour depuis juin dernier, depuis notre naissance, et nous sommes de beaux épis. Il aurait pu nous débouler un fléau sur la tête, des sauterelles, des plaies, de la rouille. Non. Il nous a laissés avec l'amour durant tout l'été. Maintenant, Il juge que c'est assez, que c'est fini. Il nous envoie l'automne, ça le regarde.

Aujourd'hui, c'est dimanche, le jour du repos; pourquoi n'obéis-tu pas? Demain prendra soin de lui-même. Très loin là-bas, dans l'avant-midi, une cloche sonne.

— Une cloche, dit-elle. Qu'est-ce que c'est?

— Ce doit être à l'église. Le dimanche, les cloches sortent des clochers et rôdent au hasard. C'est leur jour de promenade.

— Comme elles doivent être heureuses, les cloches! rêve la petite compagne. Se rouler dans l'air libre, entrer par les fenêtres ouvertes, glisser au-dessus des parcs, frôler les grèves tranquilles, ne jamais mourir. Je n'ai pas le goût de chanter aujourd'hui.

— Allons! allons! fait-il, c'est le Sanctus. Recueillons-nous. Incline ta tête.

Et les brins de blé, qui vont mourir demain sous la faucheuse, s'enlacent dans la paix du dimanche. La cloche a cessé. Le vent est parti. La récolte dort.

De derrière une roche, pas très loin de là, un pauvre être réfléchit depuis quelques minutes à ce qu'il va faire. Il réfléchit fortement et soupire. Va-t-il se montrer, oui ou non ? C'est dimanche, tout embaume. Il est laid, mal vêtu. Il se décide, c'est oui. Le voilà à découvert. Il part hardiment, saute en droite ligne, face aux blés, encore, encore. Il essaie de reconnaître l'endroit. Il est presque rendu : c'est ici. Un vieux crapaud bossu et maigre entre chez les épis mûrs.

— Comment, c'est toi ? Quelle belle surprise ! Approche.

— Bonjour, brin de blé, salue le crapaud.

— D'où sors-tu ? Mais je ne rêve pas ? D'où viens-tu ?

— Je viens vous visiter.

— Tu me dis vous ? Qu'est-ce qui te prend ? Ah ! Elle ? C'est vrai. Viens plus près, ça me fait plaisir de te voir. Regarde ma compagne. Je lui ai parlé de toi. Elle dort ; causons bas. Tout à l'heure à son réveil, tu la connaîtras.

— Je suis dans le canton depuis hier soir, dit le crapaud avec sa belle voix des sources. Je suis arrivé à la nuit tombante.

— Où as-tu couché ?

— Dans un de mes anciens nids, par là-bas.

— Et où vas-tu ?

— Je viens te voir.

— Tu passes la journée avec nous ?

— Oui. La nuit aussi, si vous voulez.

— Alors, tu sais ?

— Quoi ?

— Que c'est demain?

Le crapaud, tranquillement, répond:

— Oui, je le sais.

— Tu es bien gentil d'être venu me saluer. Tu as fait le voyage exprès?

— Oui.

— Je suis content de te voir.

— Moi aussi.

— Tu vas me raconter des aventures?

— Tant que tu voudras.

— Afin que la journée passe vite.

— Je suis venu pour ça.

L'épi de blé, sans cachette, dit:

— C'est dur, tu sais. Notre tour est arrivé. Crois-tu que ce sera demain?

— Je ne sais pas.

Brin de blé questionne avidement:

— Le massacre est commencé ailleurs et tu ne veux pas me le dire? Tu as vu la faucheuse?

— Oui.

— Dis-moi, est-ce qu'on se révolte quelque part? Y a-t-il des moissons fauchées? Tu en as vu des épis se coucher de tout leur long par terre? Comment se sont-ils donnés?

— Tranquillement, répond le crapaud.

— Pas de recul?

— Non.

— Pas de panique ni d'agitation?

— À quoi bon?

— C'est vrai. Rien à faire?

— Non.

— C'est fini? C'est demain? Je comprends. Quand même, juillet devrait toujours durer. Je ne reverrai plus le soleil qui monte, la rosée, les cigales, les parfums.

C'en est fait. L'automne est venu et la récolte doit rentrer. Nous avons chacun une petite gerbe à présenter, elle et moi.

Nous courberons la tête ensemble. Le ciel m'a prêté une trop belle compagne. Vivre devrait être détestable...

Le crapaud se lève la tête et dit :

— Tu es un bon épi. On te mettra à part, à cause de l'abondante grappe que tu portes. Tes paroles sont belles à entendre. Ne crains rien. Tu seras choisi pour une grande mission. Maintenant, laisse-moi parler.

J'ai vu les hommes, cet été, ceux du bord des villes et ceux des campagnes. Je suis allé à droite et à gauche ; j'ai écouté des conversations par les fenêtres ; j'ai recueilli des fins de phrases de gens qui passaient à la hâte ; j'ai marché derrière des enfants pour les entendre.

J'ai visité des cours, des étables, des carrés à provisions ; j'ai même pénétré jusque dans une cave de maison, un soir ; elle était vide et froide ; les granges étaient vides aussi. Et j'ai trouvé des hommes dans l'attente.

À la campagne, les paysans comptaient les jours sur le calendrier et disaient : « L'automne est loin », puis ils ne parlaient plus. Et voilà que depuis une semaine, les hommes ont repris courage. Leur gaieté est revenue ; on entend chanter dans les fermes, dès le matin.

Parce que septembre est de retour. Les hommes vont dans les vergers, cueillent des pommes, les emportent dans de grands paniers, les glissent dans le moulin à presser et font du cidre ; alors il y a de quoi boire dans les caves.

Les femmes ont sorti les vieux pots de conserve, les ont bourrés de fruits et de légumes. On remplit les caves. Les hommes reprennent courage.

— Mais il leur manque une chose encore, et c'est pourquoi ils viendront ici. Les huches sont vides. Il n'y a plus de pain, et le pain, c'est toi.

— Moi?

— Toi. Tu es le pain.

— Est-ce que c'est important, le pain?

— Le pain, c'est ce qui nourrit l'homme.

Tous les soirs, d'innombrables familles disent : « Donnez-nous le pain quotidien. » Je les ai entendues moi-même plusieurs fois. Est-ce suffisant?

— Je te crois. Ah! le bonheur que tu répands ici! Sans toi, mon dimanche eût été noir. L'adieu à la prairie eût été déchirant. Mais là, je sais ma vérité. J'attends ferme. Ma mort me donnera une autre vie. Demain, je penserai à toi, et je serai tranquille. Demain, toi, où seras-tu?

— Ailleurs, dit le crapaud sans tourner la tête.

— Tu as des larmes aux yeux, pourquoi?

— Je n'ai rien.

Le crapaud ne bouge pas. L'épi de blé reprend :

— Explique-moi encore ce qu'ils font avec le pain?

— Les cloches sonnent, dit le crapaud. À l'église, ils viennent de faire de grandes choses avec le pain.

Puis il s'apprête à partir.

— Mais où vas-tu?

— Visiter les rangs, voir si tous les épis sont prêts pour demain.

— Lorsque ma compagne se réveillera tout à l'heure, murmure l'épi, je lui apprendrai que nous sommes le pain. Nous attendrons ensemble.

Dans la brise du dimanche, entre les colonnes infinies d'un champ de blé, un vieux crapaud s'en va et pleure, parce qu'il est condamné à vivre de longues années sur terre.

Chaque côté de lui, de grandes allées d'épis lourds, qui vont mourir demain sous la faucheuse, chantent des hymnes en balançant la tête.

Procès d'une chenille

Il y a de ceci bien longtemps. Plus de mille ans. On devait être en juin. En plein champ, à trois lieues de la plus proche maison, au pays des insectes et des fleurs. Un après-midi.

Il faisait soleil tout le long du ruisseau, car un ruisseau passait par là. Sur les deux rives, des criquets cachés dans le trèfle s'injuriaient à pleine tête, comme des gamins qui se disent des noms.

Pas de travaillants autour, avec leurs chevaux et leurs pelles. Personne. La terre inventait la moisson, toute seule, dans la paix, comme elle fait toujours en juin. Sur l'eau tiède du ruisseau, deux patineuses se promenaient d'avant et à reculons; leurs ailes faisaient comme des coiffes blanches au soleil. On aurait dit deux religieuses qui marchaient dans la cour du couvent. Il devait être quatre heures de l'après-midi, l'heure des visites ou de la récréation.

Les deux patineuses, au milieu du ruisseau, loin des oreilles tendues pour tout savoir, bavardaient chacune leur tour, penchant la tête de côté, sans tourner le visage, comme font les sœurs. La plus vieille disait à sa compagne:

— Tu sais ce que j'ai appris en passant chez les bleuets tout à l'heure?

— Non, fit la plus jeune.

— Eh bien, c'est demain que le procès commence.

— Le procès de la chenille ? Alors, on y va. Qui te l'a dit ?

— Un hanneton. Je filais par ici tout à l'heure, reprit l'aînée, et un hanneton m'a crié en passant : « Demain matin, après la rosée, le procès commencera. Soyez-y. Rendez-vous au kiosque, cinquième piquet, où se donnent habituellement les concerts d'été. Dites-le à votre famille, tout le canton y sera. »

En effet, le matin même, on avait surpris, sur les petites heures, une chenille verte, saoule de miel, dans la corolle d'un lys blanc.

Une araignée, qui tissait juste au-dessous, l'avait aperçue et avait donné l'alerte. Aussitôt, deux abeilles policières, guidées par les petits fanaux des mouches à feu, étaient accourues pour arrêter la voleuse de miel. Pauvre voleuse ! On l'avait roulée au cachot, dans une galerie souterraine, chez les fourmis, entre deux haies d'insectes qui hurlaient leur colère au passage.

L'araignée était si indignée du scandale, paraît-il, qu'elle offrit gratuitement son fil pour lier la coupable. Elle la lia si bien que la chenille avait disparu sous les câbles, recouverte comme une momie.

Un gros barbeau, le juge de la place, avait fixé le procès au lendemain, après la rosée, dans le kiosque d'un piquet. Plusieurs places étaient déjà retenues. Tout le monde en parlait.

Tout à l'heure, les criquets ne s'injuriaient pas, ils discutaient la chose, comme des commères, chacune de leur fenêtre.

À bonne heure le lendemain, tout un peuple d'insectes attendaient sur le terrain : des criquets du voisinage avec des petits manteaux noirs, luisants comme de l'écaille ; des faux bourdons en vestes jaunes ;

plusieurs araignées assises sur leur ventre et qui roulaient nerveusement leur peloton de fil ; plus en arrière, des fourmis qui élevaient des petits murs de sable, où elles grimperaient tout à l'heure pour mieux voir, et des cigales qui plaçaient tous ces gens en faisant beaucoup de bruit avec leur sifflet.

Enfin, le barbeau juge entra, solennel. La salle se leva en silence. Suivi de plusieurs barbeaux plus jeunes, le juge s'installa sur une feuille d'érable qu'on avait étendue au milieu. La cour était ouverte. Les deux abeilles policières, sur un signal, amenèrent l'inculpée sur leurs épaules et brutalement la culbutèrent sur le tapis. Elle roula inerte sans se plaindre. Il y eut un frisson dans l'auditoire. On dut sortir deux jeunes éphémères qui avaient perdu connaissance.

Alors, l'avocat des fleurs, une guêpe savante, débita avec chaleur l'acte d'accusation, toute la marche du drame : comment la chenille s'était faufilée dans le lys, son entrée avec effraction dans la chambre à miel, sa saoulade et la souffrance, l'agonie, puis la mort du beau lys blanc.

Voilà qui était bien dit. L'avocat fut interrompu plusieurs fois par des applaudissements, des réflexions et même des huées.

Le barbeau juge demanda le silence parfait pendant que le jury réfléchirait. Par la bouche du plus vieux, une puce qui se grattait toujours, le jury déclara ceci : « Nous avons trouvé la chenille coupable. »

De toutes les loges d'insectes sortit un grand brouhaha. Quelques-uns étaient pour, d'autres contre. Enfin, le juge se leva et dit :

— La chenille est coupable, mais devant les opinions si partagées, nous ne pouvons la condamner à mort.

Plusieurs crièrent : « L'exil ! L'exil ! »

Ce qui fut décidé. Aussitôt, quatre hannetons cassèrent des brins de foin, les plièrent pour faire un radeau qu'ils traînèrent jusqu'au ruisseau. La foule entière se rua à leur suite. Les maringouins, les mouches, les pucerons, tous, pêle-mêle, étaient sur la grève. Les guêpes applaudissaient. Les abeilles avaient toutes les misères du monde à retenir les bourdons qui voulaient assommer la chenille cachée dans son cocon.

Les criquets faisaient de la cabale, essayaient de soulever les discussions. Et plusieurs fourmis retournèrent à l'ouvrage, la tête basse, trop émues pour assister à l'embarquement. Les grandes libellules aux fragiles ailes étaient déjà parties en vitesse pour annoncer la nouvelle dans leurs marécages.

De force, la prisonnière fut déposée au milieu du radeau. Beaucoup la croyaient morte, parce qu'elle était immobile. La méchante araignée s'avança et, avec beaucoup d'orgueil et de malice, ligota son ennemie au plancher du radeau. Enfin, trois insectes patineurs, sur l'ordre du juge, sautèrent sur l'eau, et à grands coups de patins, poussèrent le petit navire jusqu'au courant. Et le petit navire descendit doucement vers l'exil, ballotté par les vagues qui faisaient de petites glissoires. Les deux rives étaient noires d'insectes. Un grand nombre pleuraient, d'autres se réjouissaient.

Soudain... Non, c'est difficile à dire et incroyable, la chose que l'on vit... « Regardez ! Regardez ! » cria de toute sa force un maringouin. Et dans la stupéfaction et presque la terreur, on vit une chose extraordinaire : le cocon s'agiter follement, se percer, se fendre, s'ouvrir, et deux grandes ailes jaunes se déplier au soleil, s'étirer, apparaître tachetées de points noirs ; des ailes cendrées de poudre d'or, avec des dessins dessus, des ailes magiques, brillantes, qui battaient l'air, laissant le radeau continuer seul, passer triomphantes, majes-tueusement, dans l'avant-midi, au-dessus du peuple consterné qui baisait le rivage.

Le premier papillon était né. Et son premier vol se continuait par delà les fraises, rouges d'épouvante.

Cette histoire est finie.

Cantique

Il était venu au monde comme les autres enfants. Il y avait des frères et des sœurs avant lui, et il y en eut d'autres après lui.

Vers l'âge de sept ans, on l'envoya à l'école comme les autres. Il y alla, apprit ses lettres avec difficulté, et ne parvint jamais à démêler ses chiffres. Les maîtres s'aperçurent qu'il n'était pas aussi brillant que les aînés. Petit à petit, on constata que quelque chose dans sa tête n'allait pas bien. La famille s'habitua à cette épreuve; les camarades voyaient bien que son cerveau était malade, les voisins aussi; et quand il eut dix ans, on décida qu'il ne fréquenterait plus l'école.

Il faisait tout ce qu'on voulait de lui, sans critiquer, sans répliquer, parce qu'il avait une nature douce et tranquille. Il resta chez lui. Et tous les matins, assis sur la galerie, il regardait passer les enfants qui s'en allaient au collège avec des cahiers sous le bras.

Il eut douze ans et semblait heureux de son sort; il faisait les commissions, sciait le bois, nettoyait les devantures de maisons, l'hiver, et, durant l'été, il se rendait dans le pacage public, chercher les vaches pour les autres.

Dans ses moments libres, il flânait à droite et à gauche, entrait chez le cordonnier, palpait le cuir, ou s'assoyait près du feu chez le forgeron et regardait ferrer les chevaux ; chez l'épicier, on l'employait de temps à autre pour balayer l'entrepôt.

Sa famille habitait une maison de pauvres, dans la rue du petit lac, près de l'église.

On le laissait seul et il grandissait seul. Il aimait entendre les gens parler entre eux mais lui ne parlait jamais, parce qu'il ne savait pas beaucoup de mots.

À quinze ans, sans que personne ne le sût, il développa un goût, un goût qui tourna en passion et qui le perdit : la musique d'église. Tous les jeudis après-midi, vers les trois heures, les demoiselles du couvent se rendaient à l'orgue de l'église pour répéter les cantiques du dimanche suivant.

Par les fentes de sa clôture de bois, ce qu'il les avait vues défiler plusieurs fois, les fillettes en robe noire, qui parlaient et riaient comme l'eau des cascades ! Il grimpait sur les cordées de bois au fond de la cour, s'écrasait immobile et, les yeux vers les fenêtres du temple, il écoutait, recueilli. Les voix d'anges sortaient dans l'après-midi, l'entouraient, l'inondaient, l'ensorcelaient.

Il croyait cette musique faite pour lui. Quand la répétition des demoiselles était finie, il se mettait à fredonner puis se taisait jusqu'au jeudi suivant. Petit à petit, il apprit des airs qu'il chantait doucement, pour lui-même, en cordant son bois, en allant à ses vaches. Un peu plus tard, on l'entendit chanter dans la rue sans s'occuper de personne. Après un certain temps, il se dégêna, chanta devant les voisins ; et, à la fin, il criait des cantiques du matin au soir, n'importe où, tant qu'on voulait, comme on voulait ; il en savait des dizaines. On n'avait qu'à lui payer une bouteille de bière et il chantait avec sa voix mauvaise. Alors, on décida de l'appeler Cantique. Par tout le canton, il fut connu ainsi. Il eut dix-huit ans.

Il était long, maigre, étroit des épaules ; il avait le cou mince, la pomme d'Adam saillante, les oreilles décollées, avec en plus cette habitude ridicule de branler de bas en haut quand il marchait. Il était toujours coiffé d'une casquette d'hiver sale, et montrait un sourire de dents noires. Ses mains, qu'il avait puissantes, descendaient presque aux genoux ; et il se promenait innocemment d'une rue à l'autre, prêt à chanter des cantiques dans n'importe quel restaurant, si on lui offrait à boire.

Cantique était le fou du village.

Un soir d'élections municipales, on l'envoya porter une couronne de fleurs mortuaires à un échevin qui avait perdu son dépôt ; on lui faisait dévisser les lumières dans le haut des poteaux et, le soir, c'était l'obscurité dans les rues ; il se coupait lui-même les cheveux ; on lui faisait fumer des cigares pétards, pour le plaisir de le voir prendre la fuite en criant. Et combien de tours ne lui jouait-on pas !

Un après-midi de chaleur, un groupe de jeunesses bâillaient d'ennui au restaurant de la rue commerciale, en face de l'église. Elles entendirent la voix de Cantique. Les jeunesses sortirent sur le trottoir et invitèrent Cantique à venir trinquer. Il accepta. Un des farceurs montra dans le fond de sa main une pièce de monnaie.

— Cantique, veux-tu gagner cinquante cents ?

Cantique ouvrit les lèvres et sourit. L'autre continua :

— Tu vois les portes de l'église ouvertes là-bas ? Et c'était vrai, les portes de l'église étaient ouvertes, à cause de la chaleur. Cantique voyait tout cela.

— Tu vois les câbles des cloches qui pendent en arrière de l'église ? Va sonner les cloches et je te donne cinquante cents.

Cantique se mit à réfléchir. Plusieurs jeunes gens froncèrent les sourcils ; d'autres riaient.

— Cinquante cents, sais-tu que ça fait dix bouteilles ? Vas-y. Cinquante cents. Sonne les cloches.

Cantique étendit sa grande main et dit :

— Donne.

— Non, répliqua le comparse. Vas-y d'abord. Après, je te les donnerai. Je vais attendre ici. Vas-y. Après, tu l'auras.

Cantique ramena sa main dans sa poche et regarda, avec un sourire niais, les visages qui l'entouraient. Puis il fixa les câbles qui pendaient là-bas et sortit soudain en fredonnant :

— C'est le mois de Marie, c'est le mois le plus beau.

Il faisait de grands pas, les genoux serrés, en branlant de haut en bas comme c'était son habitude. Il prit le trottoir de l'église et marcha résolument. Les jeunesses se regardèrent, interloquées. Plusieurs, y compris le farceur, filèrent dehors et disparurent.

Cantique se dirigea vers le temple, entra, enleva sa casquette d'hiver qu'il déposa par terre comme on dépose un paquet ; il fit un grand signe de croix avec de l'eau bénite, mit les mains sur les hanches et tourna autour des trois câbles, les épiant comme un animal qui va bondir.

Et il bondit, empoigna le gros câble, grimpa dedans, boum... La cloche roula, revint : Cantique en joie se cramponnait au câble, et la lourde cloche le souleva de terre ; il perdit l'équilibre, tomba, se releva. Boum... répondit la grosse cloche ; grisé par le bruit, il prit les petits câbles, les tourna dans ses poignets et se mit à les agiter brutalement.

Le bruit lui déboulait sur la tête et l'excitait ; il continua. Deux ou trois vieilles, qui faisaient le chemin de la croix, sortirent en courant par les portes de la nef; et les cloches à toutes volées sonnaient dans l'après-midi. Le village arrêta de souffler un instant, pour se demander ce qui se passait; des rumeurs parlant de feu ou de catastrophe faisaient déjà le tour des rues; les commères sortirent; le bedeau, qui travaillait au cimetière, rentra dans l'église à la course et parvint à arrêter Cantique en lui montrant le bon Dieu d'un geste sévère; le curé, tête nue et les bras en l'air, accourut lui aussi par la porte de la sacristie. Il vit Cantique et comprit. Il demanda des explications. Cantique ne dit pas un mot. D'un coup de poignet, il essuya la sueur à son front, ramassa sa casquette et, dans le grand silence qui venait de tomber, s'en alla.

Il vit l'attroupement devant l'église sur le trottoir, baissa les yeux, fit un détour et entra dans le restaurant. Il regarda partout; il marcha jusqu'au fond de la salle, jetant un œil à chaque table: personne. Il blêmit, fronça les sourcils et, pour la première fois, serra le poing dans sa poche. Il se retira en chantonnant «C'est le mois de Marie...» et erra dans les rues du village jusqu'au soir.

Quelques jours plus tard, près du petit lac, il rencontra celui qu'il cherchait. Le farceur ne l'avait pas aperçu. Cantique s'approcha de lui, la main ouverte, et dit très doucement avec son sourire:

— Cinquante cents.

L'autre se mit à rigoler.

— Allô, Cantique. Viens-tu prendre un verre?

Le fou ne bougeait pas. Il répéta:

— Cinquante cents.

Le farceur haussa les épaules, recula en plaisantant:

— Je n'en ai pas. Aujourd'hui, je n'ai pas d'argent. À demain, Cantique!

Alors Cantique cracha par terre, l'œil en feu, se claqua sur la cuisse, prit l'autre à la gorge et serra. L'autre cria, se débattit, rua, frappa inutilement. Avec peine et misère, il parvint à sortir de ses poches une poignée de monnaie et l'offrit en tremblant.

Cantique laissa la gorge, prit une pièce de cinquante sous, se tourna du côté du lac, la lança dans l'eau de toutes ses forces, puis du coude gauche il bouscula le farceur qui roula sur le dos et, dans le chemin libre, il s'éloigna.

Le lendemain soir, un groupe de gamins (payés par le farceur) semèrent l'épouvante dans le troupeau de vaches que Cantique, chaque soir, ramenait du pacage public et distribuait bête par bête dans leur cour respective.

Ce soir-là donc, les gamins surgirent tout à coup de derrière une maison abandonnée en lançant des cailloux et du sable. Et les bêtes surprises, affolées, se dissipèrent dans toutes les directions.

Une des vaches, Blanchette, avait couru dans la ruelle, pour déboucher sur la rue commerciale où il y avait beaucoup d'activité à cette heure-là. Elle se fit frapper par un camion et resta là, étendue sur le ciment, les jambes cassées.

La foule se massa, les langues allaient leur train ; on accusait Cantique ; et lui, abattu et triste, essayait de lever l'animal en le tirant par les cornes.

Le propriétaire de la vache fut demandé sur les lieux, vit l'état de sa bête et donna l'ordre au policier de la tuer. Deux coups de pistolet claquèrent. La vache se raidit, roula l'œil, sortit la langue. On l'emporta.

L'aventure finie, Cantique pour la première fois de sa vie pleura quand il fut bien seul chez lui, et il ne voulut plus prendre charge des vaches.

À force de le supplier, un voisin finit par lui faire accepter de s'occuper de sa bête. Cantique accepta. Tous les soirs, on le voyait passer avec un licou et une corde, précédant l'animal, épiant les ruelles, les arbres et les gens. Il avait peur des enfants et des hommes.

De ce jour, il cessa de chanter. Il se sentait montré du doigt comme une herbe folle qui dépasse du gazon. Il passait des journées entières dans les bois, à regarder couler les ruisseaux.

Mais, un après-midi par semaine, il ne s'éloignait jamais de la maison. Comme un amant attend celle qu'il aime, il se préparait le jeudi midi, regardait souvent l'heure, piétinait dans la cour, impatient, nerveux; et vers les trois heures enfin... passaient près de chez lui, en riant comme l'eau des cascades, les demoiselles du couvent qui se rendaient à l'église, répéter les cantiques du dimanche.

Blotti contre la clôture il regardait entre les fentes, dans la direction des fenêtres ouvertes, et laissait descendre jusqu'au fond de son âme les voix des fillettes qui disaient : « Ô Sainte Vierge, venez chercher votre enfant, cette terre est misérable... »

Coucher de soleil

Sous un arbre renversé par le vent, un ours avait bâti sa maison, dans le creux où sont les racines et les mottes froides.

Personne ne l'avait vu au travail, charroyant de la tourbe et des feuilles; il avait agi vite et sans bruit. Comme en une sorte de complicité, buissons et fougères s'étaient entrelacés à sa porte.

Lui seul, l'énorme poilu sans ami ni maître, savait sa cachette; chaque fois qu'il revenait de chasse ou de promenade, avant de pénétrer dans son trou, il se grandissait droit, debout comme un homme, scrutait longtemps l'horizon avec ses yeux de sauvage, regardait si on l'espionnait, puis se rabattait soudain et disparaissait sous terre, en faisant frissonner les tiges.

Il avait bâti sa maison en bon ouvrier. Il vivait sans tapage, craint et respecté comme un roi de montagne.

Qui pourra dire les rêves interminables qu'il faisait durant ses sommeils d'hiver? Chaque printemps, il sortait en même temps que le chaume et les bourgeons d'aulnes, en même temps qu'avril et les retours d'hirondelles, que les sèves d'érable et les fleurs grimpantes.

Il se secouait longtemps au soleil, en bâillant; il reniflait les senteurs, puis s'assoyait, le dos à un arbre, à dix pieds de son antre, et essayait sérieusement de reprendre le fil de son rêve.

Mais réalisant que c'était impossible, il se levait lourdement et, sans rien briser avec ses griffes, il marchait dans le printemps jusqu'au baisser du soleil, en saluant la nature avec sa tête.

Une fin d'après-midi où il y avait beaucoup de gaieté dans l'espace, le gros solitaire, au dos rond comme un campagnard vêtu lourdement, entendit une voix qui sanglotait à quelque vingt pas à gauche.

Il écoute, s'avance, puis se dissimule derrière un buisson. Il aperçoit un lièvre tout jeune qui pleure, les yeux sur ses pattes. Quoi faire? Un si petit lièvre et un si gros ours! Quoi dire? L'ours, gêné, s'assied à plat dans l'herbe, les pattes d'avant sur ses genoux, et attend que cessent les larmes. Quand le lièvre a fini, il demande:

— Qu'est-ce qu'il y a, petit?

— Oh! fit le lièvre, figé de peur.

— Tu pleures?

— Ah!

— As-tu fini?

— Oh!

— Est-ce que je t'effraie?

— À moi! Vite! Au secours!

— N'aie pas peur.

— Je suis hypnotisé. Je ne puis m'enfuir. Oh!

— N'aie pas peur de moi.

— Un ours!

— Je ne te veux pas de mal. Ne tremble pas si fort.

— Oh!

— Petit malheureux. Puisque c'est ainsi, je vais m'en aller.

Et le géant se lève.

— Il veut me tuer, crie le lièvre.

— Mais non, répond l'ours de plus en plus mal à l'aise.

— Non ? Vous ne me mangerez pas tout de suite ? Vous attendrez que je sois calmé ?

— Pauvre petit !

L'autre continue avec des hoquets dans la voix :

— Pourquoi suis-je né ? Mes jours sont épouvantables ; du lever au coucher, c'est un tissu de craintes ; finissons-en, je n'ai pas de testament à faire. Ouvrez votre gueule, monsieur, et faites vite, d'un seul coup ; appuyez fortement que je ne sente rien. Je suis prêt. Ouvrez. Non ?

— Non, dit l'ours en reculant.

— Le martyre ? continua le lièvre nerveusement. C'est ça que je dois endurer avant de partir ? Hélas, hélas ! Regardez, mes yeux sont secs, je n'ai plus de larmes ; je vous jure que je ne suis pas bon à manger ; j'ai tout le sang à l'envers. Tenez, mes côtes, on peut les compter avec la griffe ; épargnez-moi ou faites vite. Happez-moi ou laissez-moi partir, s'il vous plaît.

— Pars, répond l'ours en souriant. Je ne veux pas te manger, petit malheureux. Je ne mange pas les lièvres.

— Non ?

— Pas moi.

— Vous n'êtes pas affamé ?

— J'ai très bien dîné, merci.

— Que voulez-vous, alors ?

— Rien.

— Mais que signifie ?

— Je passais. Je t'ai entendu pleurer. Je suis venu.

— C'est tout ?

— Oui.

— C'est sûr ?

— Juré.

— C'est drôle. On dit que votre parole est bonne. Vous ne mentez pas ?

— Je ne mens jamais.

— Je vais vous croire ?

— Petit malheureux. Causons. Qu'ai-je besoin de toi, de ta viande ou de tes services ? J'arrête parce que j'ai le temps, parce que je suis heureux. C'est tout. Causons, si tu veux.

— Je vous crois, causons.

— Tu pleurais ? demanda l'ours en s'asseyant.

— C'est sûr, vous n'êtes pas dangereux ?

— Pourquoi pleurais-tu ? continue l'ours.

— De la peine.

— Ne reste pas les pieds l'un devant l'autre, prêt à dégringoler, dit l'ours sévèrement. Ne me fais pas insulte. Crois à ma parole.

— Je vais m'asseoir, répond le lièvre en se calmant.

— Et puis ?

— Et puis, je pleurais à cause d'un malheur.

— Bon. Qu'est-ce qui t'arrive ? Si seulement tu veux me le dire... Je peux bien m'en aller, mais après qu'on a dit sa peine à un autre, ordinairement on se sent soulagé.

— Je vais parler. Après tout, qu'importe ! Voilà. Nous fêtons les noces d'or de mes grands-parents demain soir, quand le soleil descendra. Ils veulent donner une grande fête dans la savane pour grand-papa et grand-maman ; c'est leur deuxième anniversaire de vie ensemble ; et l'on me charge, moi, parce que je suis jeune, d'aller prévenir les cousins et les beaux-frères, et les oncles et les tantes, qui demeurent au Désert brûlé. J'ai ordre de les conduire ici, eux et tous les lièvres que je rencontrerai.

— Mais c'est bien, fait l'ours, content. Ils font honneur à ton agilité. Tu pleures pour ça?

— Vous connaissez le Désert brûlé? demande le lièvre.

— Non.

— C'est par là-bas, à un mille après le bois que l'on voit, où le feu a passé il y a deux ans.

— Et puis?

— Et puis, il y a un renard caché dans le bois, souffle le lièvre les yeux grands ouverts. Je l'ai vu! Souvent, la nuit, je l'entends filer sa longue note qui finit mince comme une brise. J'ai peur. On me dit que c'est idiot d'avoir peur, qu'il n'y a pas de renard, mais personne ne veut m'accompagner. Voilà. Si je pleure, c'est que je veux vivre; je ne veux pas me faire étrangler. À mon âge, pensez-y. J'ai peur, et je pleure.

L'ours s'informe:

— Tu es sûr qu'il y a un renard là?

— Oui. Je l'ai vu.

— Et personne ne veut t'accompagner?

— Je les comprends. Tous les lièvres de ma famille sont occupés à charroyer des écorces et des branchettes de cèdre, et des bourgeons de petits érables, et des cœurs de trèfle, et des fleurs; on prépare des mets avec des pelures que les aînés sont allés cueillir à la porte d'une maison, la nuit dernière. C'est mon frère le plus vieux qui prépare tout.

— Il veut faire une belle fête, c'est bien!

— Mais moi, continue le lièvre, il m'a mis brusquement dans le sentier dangereux en me disant: «Va chez les parents.» Il n'a pas pensé que j'étais le plus petit de tous. Je veux faire ma part tout de même; ah, pourquoi suis-je né!

— Attends un peu...

Après un silence, l'ours ajoute :

— Moi, je t'accompagnerai.

— Quoi ! fait le lièvre, étonné.

— J'irai avec toi.

— Vous m'accompagnerez, vous ?

— Oui.

— Pour vrai ?

— Un ours dit toujours la vérité. C'est pour ça qu'on nous appelle ours.

— Ah !

— Allons. Prends le devant, vitesse moyenne ; fais de petits sauts, je te suivrai ; et si tu as peur, si tu vois bouger la verdure, tu passeras derrière moi. Allons.

Il se lève.

— Vous ? dit le lièvre ému. Ah ! Vous êtes mon ami ?

— Petit malheureux, si petit, si frêle ! Le soleil est bon. Dans une heure nous serons revenus. Essuie tes yeux.

— Vous ferez le retour avec moi ?

— Promis.

— Vous n'avez rien à faire, personne ne vous attend ailleurs ?

— Rien. Je suis seul au monde. J'ai le temps, je suis mon chef et je suis heureux. Partons.

— Ah ! fait le lièvre, la bouche ouverte.

— Au fait, ton nom ? demande l'ours.

— Mon nom ? Pressé.

— Moi, je ne le suis pas, je m'appelle Poilu. Marchons.

Les deux amis, Poilu, gros comme un tronc de chêne, et Pressé, le lièvre, long comme une patte d'ours, s'engagent dans le sentier dangereux qui mène au Désert brûlé, chez les cousins lièvres par delà le bois, où un rusé renard reste des heures sans bouger, tapi dans les herbes hautes, guettant les petites proies qui s'avancent. Une heure passa.

Des cigales chantaient, les feuilles immobiles semblaient les écouter. Le plus beau moment du jour descendait sur la terre. Quand le petit commissionnaire, à l'ombre de son immense guide, rentra chez lui, le soleil baissait. Comme il était heureux, le petit lièvre. Lui, si nerveux et si sensible, il était tellement content qu'il se mit à pleurer encore, quand arriva l'heure de remercier son ami. L'ours, de sa grosse voix, lui dit :

— Mais non. Ne recommence pas. Mais non, ça va ; pas de pleurs ; un lièvre, ça pleure tout le temps. Bonjour. Sois brave. Je suis ton ami, petit malheureux ; nous nous visiterons. Demain, à la fête, bois à ma santé.

Et longtemps après que l'ours fut parti, Pressé, immobile, était encore là sur une roche à regarder avec ses yeux mouillés, dans la direction de cet énorme dos poilu qui s'en allait en saluant la nature à droite et à gauche. Le petit, ému, se murmurait :

— Ah, lui !

Il ne pouvait en dire davantage. Prestement il descend chez lui, le regard clair, les oreilles droites, salue sa famille du bout de la patte comme un héros, appelle son frère dans un coin et lui dit calmement, comme parlent les braves :

— Ta commission est faite.

— Pardon ? fait le frère.

— Ta commission est faite, répète Pressé.

— Quelle commission ?

— Tu m'avais dit d'aller au Désert brûlé ?

— Ah, oui. Tu y es allé ?

— J'en arrive.

— Ils viendront, les parents? demande l'aîné.

— Ils hésitent à cause du renard, réplique Pressé, mais ils viendront. Demain matin au petit jour, ils feront un cercle de plusieurs milles pour contourner le bois et seront ici au coucher du soleil.

— Alors, le renard?

— Quoi?

— C'est vrai. Il y en a un?

— Oui. Un vieux cousin s'est fait courir; demain il te racontera ça, dit Pressé machinalement.

L'autre s'agite:

— Mais toi, par où as-tu passé?

— Par le bois.

— Pressé, tu es fou! Tu risquais ta vie?

— Que veux-tu, les ordres!

— Seul?

— Les ordres, que veux-tu!

— Étais-tu seul?

— Il faut obéir; moi, on me dit: va là, j'y vais.

— Je te demande si tu étais seul.

— Seul? Non.

— Qui t'accompagnait?

— Un ami.

— Qui?

— Un ours.

— Ah!

Le frère aîné tombe. Pressé s'approche de lui, le ramasse, le gratte derrière les oreilles.

— Frère, écoute! L'aîné qui est sans connaissance! Relève-toi. Une gorgée d'eau, s'il vous plaît; Peureux est sans connaissance! Écoute, c'est moi Pressé, le benjamin. Ouvre tes yeux. Je ne voulais pas t'effrayer.

Il lui palpe le front.

Peureux entrouvre les paupières.

— Ça va mieux ? En tout cas, n'en parlons plus. Tous les parents seront à la fête demain, voilà le principal. Les vieux seront contents, et l'on dansera, et moi je chanterai. J'ai des santés de promises. Ma belle sera là. Nous serons gais. Vivent les grands-parents !

∗ ∗ ∗

Ah, si l'on s'amusa ! Ah, le plaisir ! Les naïves danses autour des sapins, et les sauts en longueur et en hauteur, et les défis à la course et les félicitations, et les festins et les bravos, et les deux vieux assis sur un lit de cèdre au milieu, qui pleuraient en grignotant des pelures de patates ! Quel succès ! Quel triomphe ! Jusqu'au soleil couchant qui s'arrêta entre deux gros arbres pour illuminer la fête et lancer des éclairs dans les yeux des jeunesses ! Quelles noces inoubliables !

Et Pressé qui fut porté en triomphe, qui dut raconter cent fois son voyage avec le colosse de la forêt. Il s'y prêtait humblement, mais aussi souvent qu'on le lui demandait. Ses longues oreilles n'en finissaient pas d'avaler ces compliments. Quel coucher de soleil !

Puis, le soir tomba là-dessus. On s'endormit, un peu à la bohème, en rêvant aux cœurs de trèfle rouge qui se balancent dans la brise.

Les jours passèrent. Longtemps après, on parlait encore de la fête. Depuis son aventure, Pressé n'avait pas revu son ami Poilu. Il s'en ennuyait parfois, restait seul sur la roche et regardait.

Un jour, il décida de le retracer. Avec l'aîné, il discuta de l'itinéraire. Il parla si bien de son projet qu'un beau matin, Peureux et Pressé partirent, bien résolus à trouver l'habitation de l'ours.

Ils cherchèrent toute une journée, dans des endroits où jamais auparavant ils n'étaient venus. Rien. Ni traces, ni indices, ni personne pour les renseigner que des oiseaux moqueurs. Fallait-il s'en retourner ? Le plus vieux commençait à regretter d'être venu.

Il devait être cinq heures de l'après-midi lorsque soudain Pressé eut un hoquet. Ses oreilles devinrent longues, ses yeux s'emplirent de larmes, le souffle lui manqua :

— Ah ! fit-il.

— Qu'as-tu, Pressé ? Mon Dieu ! Qu'as-tu ? Parle, lui dit son frère. Qu'est-ce qui arrive ?

— Là ! Regarde... C'est lui.

En effet, Poilu, couché sur ses pattes, le museau par terre, les yeux à demi fermés, semblait perdu dans une méditation de roi de montagne. Il ne bougeait pas ; il ne semblait pas sentir la présence des deux petits lièvres qui, à trente pieds de là, très humblement courbés, offraient en pleurant leurs timides hommages.

— Viens, approchons, dit Pressé.

— J'ai peur !

— C'est mon ami, se répétait le plus jeune pour se rassurer.

— Et si par hasard il avait perdu la mémoire ? demanda Peureux.

— Donne ta main.

— Quel colosse !

— Tu vas voir. C'est bête, j'ai des boules dans la gorge.

— Parle-lui d'ici, suggéra l'aîné.

Pressé obéit.

— Bonjour, monsieur Poilu ! Approchons. Bonjour, monsieur Poilu ! Vous vous souvenez de moi ? Je vous présente mon frère. Fais un salut, Peureux. Nous venons de loin exprès pour vous visiter. Lui, c'est mon frère. Je me nomme Pressé. Me reconnaissez-vous ?

— Hummmm ? grogna l'ours sans bouger.

— Pressé, le lièvre du Désert brûlé...

— Quoi ! fit l'ours.

— Mon Dieu !

Peureux frémit ; son frère essaya encore de se faire reconnaître :

— Celui qui...

— Mais oui, mais oui, approche, dit l'ours en ouvrant les yeux. Venez. Mais oui. Viens.

Les deux petits lièvres s'avancèrent.

— Nous vous dérangeons ? commença Pressé.

— Du tout. J'y suis. Pressé. C'est bien, approche, commanda Poilu.

— Mon frère, dit Pressé en présentant Peureux.

— Bonjour, petit. Asseyez-vous. Venez près, je n'entends pas bien aujourd'hui ; j'ai la tête qui me résonne de toutes sortes d'échos. Asseyez-vous.

Les lièvres s'approchèrent.

— Nous venons vous voir, déclara fièrement Pressé.

— Quels braves petits vous êtes, dit l'ours. Qui vous accompagne cette fois ?

— Personne.

— Petits malheureux ! Et les dangers de la route ?

— Nous avons risqué.

— Voilà qui est beau.

— Parce qu'un jour, vous aviez risqué pour moi vous aussi.

— N'en parlons plus. Ce n'était pas malin, ce que j'ai fait. Je n'ai qu'à souffler de l'air dans mes narines et les renards s'enfuient en hurlant. C'est gentil d'être venus me voir, parce que demain je serai parti.

— Où allez-vous, demain ?

— Oh! un long voyage. Je pensais partir aujourd'hui, mais on m'a donné une journée de plus.

— Qui? demanda Pressé. Vous avez donc un maître?

— Oui, fit l'ours immobile.

— Je croyais qu'un roi n'avait pas de maître, murmura le lièvre.

L'ours fit un silence, regarda par terre et, très sérieux:

— Il n'y a pas de rois ici...

Branlant la tête, il lança brusquement:

— Dis à ton frère de ne pas rester les pieds l'un devant l'autre, prêt à dégringoler; c'est me faire insulte. Vous êtes mes amis. Un ours ne ment jamais.

Peureux obéit.

— Merci, monsieur. Je vais m'asseoir.

— Comment t'appelles-tu, toi?

— Peureux.

— Je n'aime pas ton nom.

— Ni moi, monsieur.

— Il faudra que tu le changes.

Et à Pressé il demanda:

— Comment ça va, chez vous?

Très bien, monsieur Poilu.

— Le renard?

— Il n'est jamais revenu dans le bois depuis que vous y êtes passé.

— Tant mieux.

— Nous avons eu une belle fête, le fameux soir! Un succès!

— Les grands-parents étaient heureux?

— Ah! si vous les aviez vus! cria le petit lièvre.

— C'est tout, dit subitement l'ours. Maintenant, j'ai sommeil; Pressé, tu vas me rendre service.

— C'est un honneur, monsieur.

— Tu vas aller chez moi dans la souche. Tu n'as qu'à suivre mes traces; c'est à deux milles, droit vers le soleil. Quand tu seras arrivé, tu prendras deux petites branches, tu les mettras en forme de croix, et tu les piqueras dans l'entrée.

— En croix?

— Oui. Pour signifier aux autres ours qui passeront par là que je suis parti.

— Mon frère et moi, nous ferons ce que vous dites, promit le plus jeune des lièvres.

— C'est tout, dit l'ours. La tête me pèse.

— Vous êtes malade?

Les deux petits lièvres s'inquiétaient.

— Tout à l'heure, quand le soleil sera en bas, je serai guéri.

— Pouvons-nous faire quelque chose? demanda Pressé.

— Non, fit Poilu. C'est gentil d'être venus me voir. Merci. Un mot encore. Les savanes sont à vous, allez de l'avant! Un jour vient où il faut rendre compte de sa vie. Le difficile n'est pas de mourir...

Il ferma les yeux lentement, coucha son museau sur la terre, poussa un grand soupir qui souleva des petits grains de sable. Ce fut tout.

— Monsieur Poilu! cria Pressé.

— J'ai peur! Il ne bouge plus, dit Peureux en reculant.

— Monsieur Poilu!

— Pressé, allons-nous-en, j'ai peur!

Pressé s'était approché de son ami. Il souffla très bas à son frère:

— Regarde!

— Mon Dieu! fit l'autre, troublé. Du sang!

— Ici, là, tout le long, dessous! continua Pressé.
Peureux fit le tour de Poilu:

— Du sang! Ici une grande flaque.

— Regarde! gémit Pressé, regarde! Sa patte est
prise dans des mâchoires de fer; vois l'acier et la
chaîne comme un serpent dans l'herbe!

— Un piège?

L'autre était stupéfié.

— Oui! Il était dans un piège!

— Il était dans un piège! répéta Peureux, interdit.

Ils se regardèrent troublés, malheureux d'être si
petits, fâchés contre la solitude. Maintenant les nuits
d'hiver, quand il y a des coulées de pleine lune sur le
verglas, on voit de loin passer des renards qui trottent
vers leur gîte, la tête haute, portant au-dessus de la
neige, dans leur gueule, des petits lièvres encore
vivants, qui ne se plaignent presque pas.

Chez les perdrix

Les sources sont glacées et les roseaux sont morts. Novembre. Les corneilles sont en route. Les hirondelles aussi. Les fauvettes, les grives, les canards, les merles, les rouges-gorges, ils sont tous partis à cause de l'hiver. Même les rossignols ont sauté la frontière. Même les alouettes qui pourtant sont gentilles. Des nids abandonnés tremblent dans les arbres. Celui du chardonneret, une poignée de mousse et de duvet, est tombé d'un buisson. On a déserté le pays. Pourtant on était si heureux d'y vivre, d'y chanter lorsqu'il faisait soleil !

Là-bas, à un mille d'ici, je sais un creux de souche où habitent des oiseaux qu'aucune tempête, qu'aucun hiver, qu'aucun deuil ne chasserait. Ce sont des perdrix.

***

Il neige... La première neige danse dans l'espace comme de la balle de blé quand on bat au moulin.

Sur la plus basse branche d'un pin, pas très loin de la souche, un couple de jeunes perdrix gloussent de choses et d'autres en regardant tomber les flocons blancs.

— Perdrianne... dit le garçon perdrix.

— Oui... répond la fille perdrix.

— M'écoutes-tu encore?

— Toujours.

— Nous partirons aux premiers beaux jours; quand viendra le printemps, nous nous marierons. Après Pâques, quand la source boira la neige, je t'enlèverai, je t'emporterai vers les prairies, les champs, au bord du fleuve, où l'on voit loin. Après la fonte...

Et Courlu, l'oiseau perdrix, n'achève pas. Il rêve. Elle s'approche de lui et lui demande:

— Qu'est-ce que le fleuve?

Il lui explique que c'est une masse d'eau si large que l'autre côté est invisible même en plein vol.

— C'est géant et ça roule en faisant des collines, dit-il. Il y a des petits bateaux dessus. Nous les suivrons si tu veux.

— Ah! non, j'ai peur! Et puis nous reviendrons?

— Quand tu auras vu les clôtures, les labours, les maisons et les troupeaux.

— Comment c'est fait, un troupeau?

Elle demande tout, parce qu'elle ne sait rien. Courlu lui explique tout ce qu'il sait et tout ce qu'il ne sait pas, parce qu'il l'aime.

— Ce sont de grosses bêtes, répondit-il, qui marchent sur quatre pattes.

— Mais elles vont nous manger!

— Elles n'ont pas d'ailes.

— Tu m'as fait peur! Où as-tu vu tout ça?

— En accompagnant ton père. C'est assez loin d'ici, dépassé le pays des corneilles.

— Et si l'on se perdait?

— Je sais le bois par cœur.

Comme elle l'aime! Il sait le bois par cœur, et le retour et les cachettes. Il a d'avance tout tracé dans sa tête, le parcours du voyage de noces. Il la regarde. En riant elle continue:

— On emmènera papa?

Puis elle se met à rire:

— Non, c'est vrai. Maman non plus. Ce sera un beau voyage! Et l'on habitera où au retour?

— Où tu voudras.

— Par là-bas vers la source, où je t'ai vu pour la première fois.

Et elle pointe dans la direction de la source, avec son petit bec couleur de glaise.

— Gentille Perdrianne, où tu voudras.

— Mon beau Courlu, parle-moi des troupeaux, il faut que je m'habitue.

Alors, lui parle de troupeaux, de leur grande bouche, de leur grosse langue avec laquelle ils avalent l'herbe gloutonnement, de leur pesanteur et de la trace de leurs pieds dans l'herbe. Il ajoute même:

— Ils brisent les clôtures parfois avec leur front quand ils sont fâchés. Je les ai vus.

Elle est toute surprise.

— Où vont-ils en voyage de noces?

— Nulle part. Ils restent dans les champs.

— Ils ne sont pas libres?

— Non.

Elle fait la moue délicieusement et dit:

— Ils sont comme moi. J'ai des ailes, mais une clôture aussi. Pas facile à sauter.

— Ta mère?

— Hélas!

Son ami comprend tout. Une petite inquiétude passe dans les yeux des amoureux. Perdrianne raconte qu'elle s'est fait disputer hier encore

— Ma mère m'a défendu de te revoir. Papa a pris ta défense ; il a dit : « Je n'en veux pas d'autre que Courlu pour ma fille Perdrianne. » Et ma mère a répondu : « Je ne veux pas de Courlu pour gendre. Il est trop petit. » Qu'allons-nous faire ?

Courlu, l'amoureux perdrix, est humilié. Il revoit clairement dans sa tête l'étranger du mois de juillet dernier, le grand oiseau bleu avec une voix rauque et des plumes blanches sur la fale, que la mère de Perdrianne avait comblé d'honneurs, parce qu'elle voyait en lui un prétendant pour sa fille.

— Elle gobe tout, ta mère, tout ce qui est étranger, résume Courlu.

— Papa le lui dit souvent, ajoute la petite.

Et Courlu se fâche :

— Moi, je ne suis pas instruit ; je n'ai pas vu la mer, ni les oranges, ni les tropiques ; je n'ai jamais goûté les huîtres ni les poissons rouges, mais je suis de ta race, Perdrianne. Je te comprends, je t'aime. Nous avons les mêmes goûts, les mêmes mots, les mêmes idées. Je suis petit ? Ce n'est pas vrai. Ton père m'a dit souvent que j'avais de l'endurance, que j'étais fort et travailleur ; c'est parce que je suis gêné qu'elle me trouve petit. Tiens, regarde quand j'étends mes ailes, quand je me gonfle, quand je pique mon bec en l'air ; moi aussi, je peux avoir une grande voix, je peux parler fort, donner des ordres, faire craquer les branches.

— Prends garde… nous allons tomber !

Perdrianne est toute tremblante de joie.

— Que tu es beau, Courlu. Pourquoi ne fais-tu pas ça devant ma mère ?

— Parce que je suis gêné, dit le cavalier.

Et les deux amoureux sont contents de si bien se comprendre; ils se regardent. Soudain une voix de mère perdrix éclate par derrière:

— On complote? J'arrive bien. Que fais-tu là, ma fille? Si tu as froid, tu peux rentrer.

— Nous causions, maman.

— Eh bien! continuez...

— C'est que... fait Courlu embarrassé.

— Pas un mot de vous...

— Pardon, madame. Vous posez des questions, laissez-nous y répondre. Nous ne faisons rien de mal.

— Qui donc vous parle, petit monsieur à grosse voix quand il n'y a personne? Vous perdez l'équilibre tant vous êtes effrayé.

— Pardon, madame, je ne...

Et il bafouille.

— C'est assez! crie-t-elle. Rentre, ma fille; prends ton vol la première. Je te suis.

Perdrianne a peur.

— Adieu! Courlu, glousse-t-elle de sa petite voix.

— Je te rejoindrai tout à l'heure.

— Non, non, ne viens pas.

— Avez-vous fini? lance de sa hauteur la contralto.

— Pardon, madame... dit encore une fois le pauvre cavalier.

— Inutile, Courlu, fait la petite voix. Adieu!

Et la mère et la fille s'envolent. Elles sont parties. L'amoureux reste là, déconfit. Il se peigne les plumes avec ses ergots; il est nerveux, il est malheureux et il murmure:

— Comme je suis faible! Pauvre Perdrianne!

* * *

« Elle était là dans l'arbre, explique sèchement la mère à son mari Gros-Bec. Cette demoiselle avait choisi un pin pour lieu de rendez-vous, parce qu'un pin, avec ses cheveux et sa mousse, semble une bonne cachette. Monsieur lui faisait la cour, il était même question de voyage de noces ! J'ai tout entendu. Mademoiselle prend les permissions qu'on lui refuse ; mademoiselle désobéit ; j'espère que cette fois ton père va te donner la correction que tu mérites. Agis, Gros-Bec, c'est à ton tour de parler. Que penses-tu de ta fille ? »

La petite se tient au milieu de la pièce, toute gênée. Le bonhomme perdrix, qui ne s'emporte jamais, fait venir sa fille près de lui ; il la regarde, sans attacher d'importance à la mère Gobeuse qui s'agite derrière, se promène en traînant les ailes, en gloussant des reproches. Avec douceur, Gros-Bec dit à sa fille :

— Donne-moi quelques bourgeons. J'ai faim. Mets-les là en face. Manges-en, toi aussi.

La fillette est surprise, heureuse aussi.

— Non, merci, fait-elle.

— Moi, j'ai faim. J'ai travaillé aujourd'hui ; regarde, j'ai commencé un trou au fond de la souche ; ça fera une chambre de plus. Nous étions trop petitement. Mange, Perdrianne. As-tu vu la première neige dehors ? Raconte-moi ta journée.

— J'ai passé l'avant-midi à la source... dit Perdrianne en hésitant.

— Étais-tu seule, ma fille ? interrompt la mère sur un ton plein de méchante joie.

— Laisse faire, ma femme, dit Gros-Bec. Tu m'as dit de la questionner.

Et doucement, à sa fille :

— Tu as passé l'avant-midi à la source, Perdrianne ? Ensuite ?

— Courlu est venu jaser un peu, avoue l'enfant.

La mère s'emporte :

— J'aurais dû m'en douter. Frileux rejeton. Ma fille courtisée par un oiseau semblable. Pauvre, déplumé, sans manières, sans éducation. Quels fous nous sommes, nous, les parents !

Le père lance un œil sévère à sa femme. À Perdrianne, il dit :

— Continue.

— Cet après-midi, j'ai fait le tour de la butte ; j'ai caché des feuilles vertes, puis je suis descendue à la source encore une fois...

— Qu'il en a à dire ce garçon ! crie la mère Gobeuse en levant les bras au ciel. Il parlait encore dans le pin où je les ai surpris. Malheur de ma vie ! Quelle langue ! C'est une pie, cette perdrix-là !

Mais le bonhomme dresse la tête, s'immobilise, puis d'un geste coupe la parole à sa femme et dit :

— Quelqu'un frappe dehors sur la souche. Ce doit être Courlu.

— Un autre bout de jasette ? fait la mère, le cou en bataille. Si c'est lui, je lui donne un coup de bec. Qui est là ? Entrez.

Et entre... oh ! entre un bel oiseau inconnu, avec le plumage coloré et les yeux verts, et les ongles brillants, oh !

— Bonjour, chère madame, dit-il. Mes hommages... Excusez-moi, mille pardons si je me suis permis de frapper. J'arrête en passant. Je viens des tropiques.

L'arrivant produit un effet magique sur les gens de la maison. La mère est pâmée d'un coup, tout à fait. Elle éclate d'admiration, tout de suite comme ça, sans se retenir, devant ce bel oiseau rouge, à fale jaune et à houppe verte, qui a l'air jeune. Elle s'approche, les yeux étincelants.

— Entrez, mais entrez donc!

Gros-Bec, tout naturellement, se retourne, se gratte le bec avec la patte comme font les oiseaux-ouvriers et dit:

— Tiens, un voyageur? Qu'est-ce qu'on peut faire? Mais la mère prend les devants:

— Pauvre jeune homme, vous avez l'air si fatigué. Entrez, je vous en prie! En trois coups de griffes nerveux, elle a balayé le plancher. Essayant de dominer son émotion, elle ajoute:

— Vous venez des tropiques? Comme c'est beau!

— Je vole depuis le matin, madame. Au petit jour, je suis parti de très loin.

Penchant la tête, humblement, elle déclare:

— Quelle bravoure! Vous êtes seul?

— Oui, madame. Il y a trois semaines que je voyage presque sans arrêt.

— Les tropiques! Comme vous êtes courageux!

Elle ouvre les ailes dans une sorte de révérence.

— Dégreyez-vous, monsieur.

Ah! Ce mot mal choisi dans une conversation qui allait si bien! C'est un mot du vocabulaire de Gros-Bec. Dégreyez-vous! L'autre ne comprend pas.

— Je t'en prie, Gros-Bec… Je ferai les honneurs, intervient la mère, le jabot plein de gloussements. Venez au fond de la pièce, monsieur. Approchez. Mettez-vous à votre aise. Tu ne vois pas que monsieur se meurt de fatigue, ma fille?

Et la mère se précipite, s'affaire, pousse son mari dans un coin, improvise des phrases galantes, donne des ordres.

— Passez par ici, monsieur. Assoyez-vous sur la mousse. Perdrianne? Donne des bourgeons à monsieur.

Il doit être affamé. Prenez le temps de vous remettre et de lisser votre houppe sans gêne. Si nous vous nuisons, nous pouvons nous retirer. Un voyageur qui vient de si loin, c'est bien la première fois que nos yeux ont le plaisir d'en voir un !

— C'est vrai que je viens de loin.

Et l'étranger sourit.

— Comme vous êtes héroïque ! quelle endurance ! déclame la mère Gobeuse en le dévorant des yeux. Allez, bon appétit !

Et elle lui pousse les bourgeons et tout ce qu'il y a dans le garde-manger. Le bel oiseau, un peu gêné devant tant d'honneur, s'attable, picore, refait ses forces.

— Comment appelez-vous ces excellentes choses que vous me faites manger ? demande-t-il.

— Des bourgeons, répond la mère en cachant son visage avec une sorte de honte. Dans ce pays reculé, c'est tout ce que nous récoltons. Les bonnes choses nous sont inconnues. Soyez indulgent. Excusez la pauvre souche ; c'est pitoyable de vivre ici, mon mari est à l'agrandir. Ah ! Si nous avions su qu'un oiseau des tropiques viendrait… des tropiques encore…

L'étranger branle la tête :

— C'est délicieux, tout à fait.

Et il mange.

— Pauvre vous, continue la mère. Vite, Perdrianne, donne les autres bourgeons, ma fille. Ils sont au fond là-bas, dans la réserve.

— Mais si c'est la réserve ? s'inquiète l'étranger, courtoisement.

— Qu'importe, monsieur, qu'importe ! Notre récompense est de vous avoir. Nous vous tenons, nous vous regardons. Vous nous le permettez ?

— Vous comprenez les voyageurs, vous, réplique le passant des beaux pays, avec un sourire d'oiseau intelligent.

La mère fait l'ingénue :

— Dans les tropiques, vous avez dû en voir d'infiniment plus charmants que nous. Ici, nous ne voyons jamais personne, comprenez-vous ? Qui d'ailleurs oserait se hasarder dans nos parages ? Ah ! Merci d'être venu. C'est le ciel qui vous envoie. Je suis confuse... Ce frugal repas. Mon mari Gros-Bec aurait ramassé des écorces si nous avions su, et des bourgeons de bouleau, mais nous sommes si paresseux quand il neige !

— Neige ?

— Oui. Ce qui est tombé aujourd'hui, explique Gobeuse.

L'oiseau des tropiques fait une petite grimace :

— On me disait que c'était beau, la neige ; c'est plutôt froid et aveuglant quand on est en plein vol.

— Et collant et malpropre, renchérit la mère. Comme vous avez raison ! Un contraste avec les tropiques, n'est-ce pas ?

— Nous n'avons pas de neige là-bas, mais du soleil et des fleurs et des roseaux hauts comme ça ; et des fruits et du soleil, et des nuits chaudes. Tout le cours de l'année, c'est toujours le printemps chez nous, toujours du soleil et des parfums.

— Oui, malheur de neige !

La mère s'humilie tant qu'elle peut :

— Comme ce doit être beau chez vous ! Les couleurs de votre habit nous le disent un peu.

— Je n'ai pas fait de toilette, madame, depuis trois jours, dit l'autre modestement, vous n'y pensez pas ! Ce sale temps... Fait-il froid souvent par ici ?

— Hélas! monsieur, toujours! Nous nous habituons, nous supportons tout. Le malheur, ça nous connaît. Que voulez-vous!

— Alors, je vous plains.

— Merci, fait la contralto avec émotion.

Vous ne voyagez jamais? demande le visiteur, entre deux bouchées.

— Hélas! c'est bien ce qui nous crève le cœur. À chaque automne, les oiseaux partent en bandes. Du haut des pins et des ormes, on assiste à leur rassemblement; ils s'en vont à tire-d'aile en poussant des cris de joie.

— Pourquoi ne pas les suivre?

— Parce que... parce que... nous restons. C'est trop loin et c'est cher, et la peur du déplacement, et mon mari Gros-Bec et ses habitudes! Merci d'avoir pitié de nous!

Gros-Bec en a assez de cette conversation. Il coupe court:

— Moi, je m'endors. Si ça ne vous fait rien, monsieur, je peux coucher chez nous? C'est assez gênant à vous dire, vous êtes dans mon nid, vous tasseriez-vous un petit peu?

— Gros-Bec, grossier! fait la mère, honteuse, en piquant sa tête sous son aile.

L'étranger s'excuse.

— Ce n'est pas un gros oubli, dit l'ouvrier en riant. Installez-vous comme vous pourrez pour la nuit. Demain au grand jour, nous nous reverrons. Bonsoir, monsieur. Viens, Perdrianne. Passe au fond.

Perdrianne fait un petit salut et passe au fond de la souche. La mère s'attarde près de l'oiseau des tropiques et glisse tout bas:

— À demain, au soleil, monsieur. J'espère que vous nous excuserez ? Mon mari aussi, vous l'excusez ? Vous êtes bon ! dites-moi votre nom, s'il vous plaît ?

— Mon nom ? Super, madame.

— Oh ! Super... comme c'est beau ! Oh !

De la chambre à coucher, Gros-Bec crie :

— Vite, la mère.

— Super... comme c'est beau ! dit la mère toute rêveuse, en prenant sa place pour la nuit. Ma fille, il s'appelle Super et il vient des tropiques !

* * *

Le lendemain, dans l'avant-midi, Perdrianne et Courlu se sont rencontrés quelque part. La fillette dit à son ami tout le nouveau survenu chez elle : l'arrivée de cet oiseau extraordinaire, l'impression qu'il a produite sur sa mère, et le réveil ce matin, le déjeuner de monsieur au lit, et Gros-Bec qui a dû courir aux commissions, et elle, l'enfant, qui n'a pas fait de toilette à cause de la présence de monsieur dans la chambre. Perdrianne ajoute même :

— Papa a demandé à monsieur de venir lui aider à nettoyer l'ouverture de la souche. Maman s'est opposée en disant : « Monsieur Super n'est pas vêtu pour les gros travaux. » Alors papa a travaillé tout seul ; lui, écoutait les beaux discours de ma mère.

— Toujours sans sortir du nid ?

— C'est elle qui l'en empêchait.

— Elle est sotte, ta mère, je ne me suis pas trompé. Comme c'est triste !

— Sais-tu ce qu'elle a dit ?

— Non.

— Voilà le plus épouvantable !

— Quoi ? Parle vite.

— Je l'ai entendue ce matin lui dire : « Ma fille Perdrianne est à marier. Le plus grand bonheur de ma vie serait de la voir épouser un oiseau des tropiques. »

— Elle veut te donner en mariage ?

Les plumes de Courlu sont toutes hérissées.

— J'ai tellement eu peur quand j'ai entendu cela, continue Perdrianne, que je suis venue à tire-d'aile. Courlu, je ne veux plus retourner chez moi.

— Au contraire, nous y retournerons tous les deux à l'instant !

— Tiens, voici papa, dit la petite.

Et Gros-Bec s'en vient là-bas, de mauvaise humeur. Il atterrit en face d'eux.

— Bonjour, Courlu. Perdrianne t'a conté l'histoire ?

— Elle m'a tout raconté, monsieur Gros-Bec.

— Bon, venez. C'est le temps. Venez.

Il repart. Les deux perdrix battent l'espace en se touchant du bout de l'aile. La mère Gobeuse, apercevant Courlu chez elle, s'emporte et veut le faire sortir ; elle lui dit qu'il manque d'honneur. Mais le père Gros-Bec prend le devant cette fois, et parle comme un maître.

— C'est moi qui suis allé le chercher, sa mère. Tu en as assez gobé, me semble ? Faut toujours que je t'empêche de mourir d'indigestion ! Bonjour, monsieur, dit-il à l'oiseau des tropiques. Je vous présente Courlu, un voisin, le fiancé de ma fille Perdrianne.

Cette pauvre Gobeuse, aussitôt :

— Gros-Bec, tu déparles ! Sais-tu ce que tu dis ? Excusez mon pauvre homme, monsieur Super. La misère, que voulez-vous ! Il travaille trop. Ah ! sa tête ! Un crâne, c'est si fragile !

— Je vous en prie, madame, dit Super, agacé. Je suis charmé de faire la connaissance de monsieur Courlu. Ne vous gênez pas, entrez. Pardon, je veux dire…

Gros-Bec rit :

— C'est vrai, c'est ma maison. Êtes-vous ici pour longtemps, monsieur Super ? demande-t-il.

— Je voulais continuer ma route, déclare l'étranger, mais madame votre épouse…

— Tu ne vas pas mettre monsieur à la porte ? intervient la mère. Un voyageur des tropiques, sans parents, sans adresse, qu'une tempête de sable a poussé loin de chez lui. Que t'a-t-il fait pour se faire chasser ainsi ? Ton cœur, Gros-Bec ! Ah ! Je l'ai toujours dit, ton pauvre cœur d'oiseau !

— C'est assez ! C'est vraiment assez !

Super, qui vient de parler, se lève, fâché, gratte la terre, roule les yeux. Gobeuse se tourne vers son mari :

— Gros-Bec qu'attends-tu pour réparer ? Monsieur veut s'en aller ! Comme vous devez souffrir, cher monsieur !

Super, l'œil dur, crie à pleine gorge :

— Je vous fais mes adieux, madame.

— Quoi ? C'est fini ? soupire-t-elle, le bec ouvert.

— Et si ça continuait, lance le visiteur d'une voix rauque et terrible, je deviendrais fou !

— Seigneur, mon Dieu ! J'ai dû faire une gaffe ! murmure la mère, une griffe dans la bouche.

— Monsieur Gros-Bec, déclare Super, vous êtes le plus charmant des hommes et je vous admire beaucoup. Soyez sûr que je parlerai de vous, si je retourne dans mon pays. Mais la pâmoison, madame ! Ah ! La pâmoison ! Ah ! Madame ! Pire que la peste !

Il lance ces paroles sur la mère :

— Vous m'avez bien compris, madame ?

— Ah !

Et elle tombe, la pauvre Gobeuse. L'étranger lui tourne le dos, dit aux deux jeunes :

— Au revoir, mademoiselle Perdrianne et monsieur Courlu. Adieu, monsieur Gros-Bec et merci. Il y en a chez moi aussi, des femmes oiseaux, qui portent le même nom que le vôtre.

Et Super prend son élan et disparaît par-dessus les arbres.

— Il est parti, dit Perdrianne. Ah ! Que j'ai eu peur ! Et maman qui est évanouie !

— Non. J'ai tout entendu, soupire la mère blessée au cœur ; j'ai tout entendu ! Le corbeau ! Transportez-moi à mon nid ; je vais garder la chambre aujourd'hui et ne veux voir personne.

— Personne ne va te bâdrer non plus, dit Gros-Bec. Pauvre femme !

Et le bonhomme réfléchit, se balance sur ses pattes ; il va pour parler, mais il voit bien que les deux jeunes n'ont pas besoin de paroles. Alors il s'en va, en disant avec un petit rire dans l'œil :

— Perdrianne, aie soin de ta mère.

Le traversier

C'était une rivière bohème, buveuse de ruisseaux, où s'abreuvaient les arbres, les mouches et les loups. Elle venait de loin, où commence l'écume, et charroyait des écorces gommeuses, promenait des canards et des joncs sous-marins ; les libellules s'y miraient en passant et des bancs de poissons verts, entre deux ombres d'arbres, y dormaient au soleil...

Jouant avec la bouteille qu'il y avait sur la table près de son verre, le vieux qui avait commencé cette histoire continua :

— C'est une rivière tranquille. Une orignale venait boire au détour à tous les matins, de bonne heure, avec son petit. Ma rivière était tranquille. Elle n'a pas beaucoup changé, elle. Les bords ont changé... Il n'y avait pas de maisons, ni de village, ni de pont, quand je l'ai connue, moi. Elle était toute seule, dans le temps, avec nous autres puis une couple de familles : nos voisins. Mon père est arrivé un des premiers ici, attiré par elle. C'est lui qui lui a donné le premier coup de rame. Il a deviné qu'un jour ce serait une place d'avenir, il s'est fait traversier. Il a bâti un chaland pour voyager d'une rive à l'autre. Le premier, il a eu l'idée. Un beau chaland gris qui se tenait toujours les deux bras pendus au bout de ses poulies, comme un chien au bout de sa chaîne ; un chaland qui regardait le large, en grinçant des fois pour partir.

J'ai grandi dans ce chaland-là. Ç'a été mon berceau. Je me faisais un lit de fougères vertes, le midi ; j'étendais ça dans le fond, sur le bois brûlant ; je me couchais dans la belle odeur, ma casquette en visière sur les yeux. Floup… gloup ; les vagues faisaient floup, gloup, en tapant sur mon gros berceau. Puis je m'endormais, les oreilles pleines de chansons. Quand je me réveillais, je restais des heures à plat ventre sur le bout qui donnait au large. Je regardais passer l'eau, les boules d'écume, les poissons, puis, des fois, les remous qui faisaient comme un entonnoir. J'appelais ça des yeux, les yeux de la rivière qui regardaient les miens, puis qui continuaient à descendre en virant.

Le bord où notre maison était bâtie, c'était le bord civilisé, parce qu'à cinq milles de chez nous, il y avait le village : une petite église, un épicier, puis une maison d'école. Nous autres, nous étions les dernières maisons. L'autre bord, c'étaient les places nouvelles.

Un monsieur Beaulieu, qu'on appelait le seigneur Beaulieu, s'y était bâti. Ç'a été le premier client de mon père. Durant l'été, il traversait tous les jours. Après lui, ç'a été quelques colons qui s'étaient acheté des lots autour de celui du seigneur, puis qui défrichaient dans le bois vierge. On les entendait bûcher quand le vent adonnait. C'est eux autres qui ont bâti le village où on est ce soir. Tu veux me parler de l'école, là, je suppose ? J'y ai été. Comme de raison. Oui. Mais bien avant d'apprendre mes lettres, je connaissais le bois, la plage, le chaland, puis la rivière par cœur. À l'école, je m'ennuyais. Les yeux dans la fenêtre, je guettais le soleil ; j'avais hâte qu'il baisse pour retourner chez nous. Je dînais à l'école, à midi. J'emportais mon dîner.

Je partais le matin de bonne heure, à pied, avec Marie. Des fois, quand les colons avaient affaire au village, ils nous acceptaient avec eux autres, puis ils nous ramenaient le soir.

Marie ? Qui était Marie ? Une petite fille à peu près de mon âge, l'enfant d'une des deux familles qui demeuraient au bord de l'eau avec nous autres. Marie ! Regarde ici, dans le fond de mon verre ; c'est vrai, tu ne la vois pas ; moi, je la vois toujours. Quand j'ai été plus vieux, en âge de comprendre, ils m'ont dit que ce n'était pas ma sœur. On était toujours ensemble ; nu-pieds, on a grandi dans les joncs de la grève ; on jetait des pierres sur les canards sauvages ; on ramassait les œufs de perdrix ; on pêchait des truites ou bien on faisait un nœud coulant au bout de nos lignes, puis on capturait des suisses ; on allait aux fraises, aux bleuets, aux framboises, aux glands. Elle faisait des couronnes de feuilles, l'automne, pour moi, je lui ramassais des cailloux blancs, parce que je la trouvais belle.

Une fois, j'avais aperçu un coquillage dans le sable, je lui en avais donné la moitié ; je l'ai encore, la mienne, chez nous, dans un vieux coffre. J'ai quelques souvenirs de même. Son père avait un beau jardin. C'est de lui que nous achetions nos provisions.

Un jour, j'ai eu quinze ans. J'étais quasiment un homme. Le père vieillissait ; ses yeux n'étaient pas bons ; j'ai laissé l'école pour prendre sa place. Le village d'en face grossissait. Il y avait déjà plusieurs maisons, une rue principale, une petite usine de pulpe, puis un commencement d'église.

Ça faisait beaucoup d'ouvrage pour le chaland. C'est moi qui étais traversier.

Je connaissais mon métier, parce que je connaissais mon chaland ; je lui avais donné un nom. Je l'appelais Marie.

J'avais écrit ça sur les deux flancs : MARIE en lettres blanches. Mon père n'avait pas trouvé ça drôle ; il savait que je l'aimais. Quand il y avait bien du courant, les vagues grimpaient jusqu'à son nom pour venir l'embrasser, puis elles se sauvaient ; quand il faisait calme, le nom se reflétait dans l'eau, à l'envers ; je le piquais avec une branche, il se défaisait en mille miettes pour s'éparpiller sur la rivière.

J'ai eu vingt ans comme tous les autres.

Marie avait des cheveux qui lui tombaient sur le dos, doux comme du foin de grève. Ses yeux étaient couleur de noisette ; elle était grande, agile. J'attendais d'être un peu plus vieux pour l'épouser. Elle le savait, préparait son trousseau tranquillement, aidait sa mère, s'occupait des plus jeunes, parce qu'ils étaient une grosse famille.

À chaque printemps, elle me donnait un cadeau. Sais-tu quoi ? Un beau pavillon blanc. Blanc comme son nom. Pourquoi ? Pour mettre l'autre bord de la rivière, au bout d'un mât ; ordinairement, il restait roulé, dans le bas, mais si quelqu'un voulait traverser, moi, je savais pas, il hissait le pavillon blanc : c'était le signal. Quand je le voyais flotter dans l'air, je sautais dans le chaland, puis j'y allais. J'ai usé plusieurs pavillons blancs. Un par année. Marie les a faits tous. Dans mon coffre, chez nous, j'en ai trois ou quatre, des vieux. Je les étends sur mon lit, des fois, puis je me mets la face dedans.

Non, je ne me suis pas marié.

Ça n'est pas arrivé comme je voulais. Ça n'arrive pas comme on veut, des fois. Une autre fille est venue casser ma vie, comme on casse un fil. Une espèce de danseuse; d'une autre race que nous autres. Une garce qui ne parlait pas beaucoup, mais qui m'a embrouillé le cœur avec ses yeux noirs qui riaient tout le temps.

Vu que c'était une place nouvelle, il y avait toutes sortes de gens qui visitaient ça. L'argent roulait pas mal. Des fois, il venait des acteurs de la ville pour donner une pièce; ou bien des acrobates, des petits cirques, des athlètes. Un bon jour, ç'a été une troupe d'étrangers. Ils avaient des guitares, des violons, des costumes rouges, bleus, avec des grosses manches bouffantes, en soie, puis des ceintures comme des arcs-en-ciel.

Elle était avec eux autres. Elle avait deux grandes tresses noires, attachées au bout par des petites plumes jaunes; ça devait être des plumes d'oiseau de paradis. C'est moi qui les avais traversés un après-midi, avant le souper, vers cinq heures.

Je vois bien arriver cette troupe d'étrangers; ils avaient l'air des artistes comme sur les images, avec leur musique, leurs valises, puis tout le bazar. J'étais justement avec Marie au bord. Puis, je me rappelle, Marie m'avait dit en les voyant: «Des bohémiens. Nicolas. Des bohémiens. Traverse-les vitement. Regarde-les pas, c'est dangereux des bohémiens.»

Puis, elle s'était sauvée. Moi, je ne pouvais pas. Il fallait que je les traverse, c'était mon devoir. Quand on a laissé le rivage, je les ai regardés. Comme des serpents, ils m'ont enjôlé. Elle, Guyane, c'est de même qu'elle s'appelait, elle n'a pas parlé, mais elle me fixait tout le long de la traversée. Elle essayait de m'aider en tirant le câble avec ses petites mains de poupée. J'avais trouvé ça fin. En débarquant, elle s'approche de moi, me dit à l'oreille, en me montrant un petit soulier de satin vert, caché dans son sac à franges : « Viens. Je danserai pour toi. »

Personne ne l'avait entendue. J'ai fait mine de rien, mais j'étais reviré à l'envers. Ça prenait une fille décidée. Des invitations de même, j'avais jamais connu ça. Ça m'a ébloui, excité, soûlé quasiment. Le soir, j'ai traversé à la cachette. J'ai menti à Marie. J'ai été à la fête du village.

Il y avait du monde, des lumières, de la joie dans l'air. Les filles étaient en blanc, nu-tête. Les hommes étaient en blouse, en chapeau de paille. Ça sentait la fête. Des éclats de rire se croisaient au-dessus du parc. La musique jouait là-bas, sur une petite plate-forme. Guyane était là, au milieu. Je ne l'ai pas reconnue tout de suite, à cause de ses cheveux qu'elle avait dénoués, qui lui flottaient dans le cou. Elle faisait un cercle avec ses mains au-dessus d'elle. Elle partait à la course, sur la pointe des pieds, en fixant quelque chose de plus loin que le monde. Elle regardait toujours à la même place : un point dans le ciel bleu. C'était mon pavillon blanc qu'elle regardait, qui claquait plus haut que les arbres, qui était resté en l'air, depuis le commencement de la veillée. Il y avait du vent dans sa robe à la petite. Ses souliers verts n'arrêtaient pas de frémir.

Je savais pas ce que je devais faire. Je restais là, accoté sur un arbre, en dehors des autres, mon chapeau à la main. Me semble qu'il sortait des cordes de leur musique, à travers les accords, des cordes qui m'attachaient à l'arbre, puis qui m'empêchaient de grouiller. Je savais pas où j'étais. Entre deux danses, elle est venue à moi. À travers la foule, elle est venue sous mon arbre. Elle avait un grand châle bleu sur la tête. Tout le monde la regardait passer comme une apparition. Elle marchait par sauts, en courant presque, pour ne pas salir ses petits pieds enveloppés dans le satin vert.

Les mains sous sa gorge, en dessous du châle, elle est venue à moi. Je suis venu pour parler, elle avait un doigt sur sa bouche; puis, après, j'ai vu son sourire. Mon énervement est parti tout d'un coup, en voyant son petit visage tout essoufflé. Moi aussi, je me suis mis à rire. Puis on s'est dit quelque chose comme ça. C'est elle qui a commencé:

— J'ai dansé pour toi.

— Oui? J'ai répondu, merci bien.

— Je danse encore si tu veux.

J'ai dit:

— C'est beau de te voir. Tout le monde te regarde.

— Il n'y a que toi ici.

J'ai repris:

— Comment ça s'appelle la danse que tu viens de faire?

— Pavillon.

— Comment?

— Pavillon. Comme celui dans le ciel là-bas.

— Oui?

Tout bas, j'ai murmuré:

— Tu ressembles à mon pavillon, c'est vrai.

— Merci.

— Vas-tu danser encore?

— Approche en avant, plus près, pour mieux voir.

— Quelqu'un te fait signe là-bas.

— Approche, qu'elle me répétait.

— Non, je vais rester ici. Je vois bien.

— Pourquoi tu ne viens pas en avant?

— Un pavillon, c'est fait pour être regardé de loin.

— À tout à l'heure!

— Va vite.

— Attends-moi.

— Et elle s'est enfuie.

Pavillon, j'ai dit ce mot-là dans le fond de mon cœur en la regardant s'éloigner.

Elle a dansé encore. Elle avait l'air d'un ange, les ailes pliées dans sa robe, fragile comme un morceau de nuage. Le monde la dévorait des yeux. Moi, je me pensais au ciel.

La nuit était avancée quand la fête a cessé. La foule se dispersait. J'ai fait plusieurs traversées de suite ; mon chaland était bourré de clients, je travaillais sans sentir la fatigue, comme si j'avais eu des bras de fer. Le dernier voyage, ç'a été les bohémiens. Les lumières étaient éteintes partout ; j'avais juste mon fanal à bord. La petite était en arrière, dans les câbles, avec moi. On se laissait descendre tranquillement. Pour revenir, le courant nous poussait de biais. J'avais presque pas à tirer mes poulies. Rendue au bord, elle n'a pas voulu débarquer. Elle s'est cachée derrière mon attache, un piquet plus gros qu'elle. Ses amis ne s'en sont pas aperçus : ils ont pris un charretier, puis ils ont continué sur la route, en chantant.

J'ai eu peur de me voir tout seul avec elle. Elle m'a fait reculer un peu au large ; j'ai obéi comme un esclave. Le chaland a laissé la grève. Elle s'est approchée, s'est assise sur une boîte en face de moi. Je verrai toujours ses yeux dans la nuit ; ils me brûlaient comme des pointes, mais sans me faire mal ; j'ai jamais pu comprendre pourquoi je riais pareil.

Elle m'a dit qu'elle avait froid ; j'ai fait rien qu'un saut de côté, j'ai ouvert mon coffre, je suis revenu avec mon gros gilet de laine noir que Marie m'avait tricoté ; je l'ai enveloppée dedans. Elle avait l'air d'une petite fille dans le manteau de son père. La nuit était claire, c'était plein d'étoiles dans l'eau; aussitôt que le chaland grouillait, les étoiles plongeaient pour revenir un peu plus loin. C'était silence. Tout à coup, du côté de notre maison, j'entends un bruit, comme un bois qui tombe à l'eau. Je tends l'oreille: quelqu'un venait à la nage; des bras remuaient en faisant flac, flac. J'ai reconnu qui c'était. Quand le nageur se fut approché à cinquante pieds de nous autres, il a crié mon nom par deux fois, puis il a plongé au fond de la rivière. C'était Marie.

Je l'ai réchappée avec peine et misère. Il était temps; elle voulait plus vivre; je l'ai quasiment forcée. J'ai renvoyé la bohémienne. J'ai veillé Marie cette nuit-là. Elle était couchée dans la chambre de sa mère. Elle toussait. Au matin, avec le soleil, elle a tourné sa tête; il y avait une petite traînée de sang sur l'oreiller; elle a ouvert les yeux, des yeux couleur de noisette, qui me faisaient mal. J'ai été obligé de sortir. Je l'ai laissée pour m'étendre dans le chaland. Le soleil m'a endormi.

Les jours ont passé; moi, j'étais triste, je m'ennuyais. J'avais beau chasser la vision de l'autre, elle était collée dans mon cerveau; des heures de temps, je fixais mon pavillon l'autre bord: je pensais à elle.

Marie guérissait tranquillement; elle était maigre, pâle; elle marchait en se soutenant comme une malade. Quand le soleil était bon, elle sortait pour se promener sur la grève, Une après-midi, sa voix m'arrive bien doucement dans mon dos; j'avais honte de la regarder en face:

— Nicolas, Nicolas.

— Oui, Marie.

Puis, elle a dit ceci:

— Elle danse ce soir au deuxième village. Vas-y. Si tu t'ennuies, va la voir. Ça te fera du bien; je veux pas que tu fixes le large des heures de temps. C'est pas bon, vas-y. Après, tu reviendras. Va.

Le même soir, j'ai déserté encore une fois, j'ai emprunté une bicyclette puis je suis allé. La fête était commencée ; j'entendais rire de loin à travers les lumières.

Je l'ai vue ; elle était là, sur la plate-forme, dans sa même robe blanche. Elle dansait encore ; le même pavillon, les mêmes yeux, la même musique, les mêmes bohémiens ; on aurait dit la même nuit. Le monde la regardait. Il y en avait qui disaient : « C'est une fée. »

J'écoutais avec les autres. Elle m'avait pas vu encore. Tout à l'heure, je la surprendrais ; elle serait contente.

Entre deux danses, elle met son même châle bleu, couleur de soir, puis elle se faufile entre les groupes, en courant, pour pas salir ses petits souliers verts ; elle s'en venait vers moi. Le cœur me cognait, je la voyais s'avancer ; qui de nous deux surprendrait l'autre. Toute ma douleur était partie, toute ; j'étais heureux comme avant ; elle ne m'oubliait pas, puisque la voilà qui me frôle, ses deux petites mains, sous son châle, comme l'autre soir, les yeux baissés. Pour qu'elle relève la tête, je dis :

— Guyane, c'est moi. Je suis venu. Je suis venu.

Elle a levé les yeux, m'a dévisagé sans rire, sans dire une parole, sans rien, comme si elle m'avait jamais vu ; puis elle a baissé la tête encore, a continué son chemin en trottinant toujours. Je l'ai suivie des yeux. Elle a laissé la foule, est rentrée sous un arbre. Un autre gars l'attendait là. J'avais des sueurs dans le visage ; je devais avoir les yeux pleins de sang. Je suis parti à la course. Je suis revenu chez nous. J'ai pleuré sur la route, mais c'est fini.

Le lendemain, Marie est venue à moi, je savais pas quoi faire pour qu'elle me pardonne. Si elle m'avait fait signe de me noyer, je me serais noyé pour elle.

— Puis, es-tu mieux, Nicolas ?

— Embarque, Marie, que j'ai crié, embarque vitement que je te promène ; viens dans le chaland que je te berce comme avant ; embarque, Marie, viens que je te roule dans mon gilet de laine.

Un homme était sur la grève, qui voulait traverser. Il avait une petite valise avec lui. Je l'ai fait sauter à bord. Rendu au milieu, il m'a demandé poliment d'arrêter le chaland. J'ai obéi. Il a sorti des instruments compliqués de sa valise. Je pensais qu'il voulait prendre des photos, mais c'était pas ça, c'était un arpenteur du gouvernement qui venait prendre les mesures de la rivière. J'ai demandé pourquoi. Il m'a répondu : « Vous savez pas ? Nous avons l'intention de construire un pont ici. »

Un pont ! J'ai pas ajouté une parole. Marie s'est retourné vivement le visage au large pour ne pas voir l'étranger. Un pont sur ma rivière ? Un pont pour remplacer mon chaland ?

— Marie, ils veulent faire un pont. As-tu entendu ? Mais Marie me répondait pas, je pense qu'elle pleurait.

* * *

Mon histoire achève. T'es pas fatigué de m'entendre, mon jeune ? Tiens, bois ça. Hé, Raoul, apporte donc une autre bouteille. J'achève. Le pont, c'est lui que tu vois là. C'est lui qui m'a remplacé. Sais-tu comment je l'appelle ? Guyane. Parce qu'il a l'air d'une danseuse avec ses arceaux qui se rejoignent, ses lumières, puis ses affiches. Pour une autre raison aussi. Parce qu'il est à tout le monde, pas plus à moi qu'à un autre.

Où est Marie? Morte, des suites de sa baignade. Morte heureuse aussi, en me faisant signe qu'elle m'aimait. Elle voulait pas voir le pont, elle l'a pas vu. Tiens, bois!

Mon chaland? Mort lui aussi, en même temps qu'elle. Je l'ai débité le matin du service. Je l'ai brûlé, planche par planche, excepté une, celle où c'était écrit Marie. Celle-là, je la garde. Tiens, bois. J'ai connu deux femmes, mais j'ai souvenir que d'une... C'était un beau chaland gris.

La vallée des Quenouilles

C'étaient deux beaux chevreuils aux pattes fines, avec de belles attaches bien nouées sous leur poil roux.

Ils venaient souvent le matin au bord d'un vieux rocher ; la tête fièrement redressée, ils regardaient l'île Vierge, par delà la rivière Dangereuse.

Lui, qui s'appelait Naseau Noir, disait à sa compagne :

— Si jamais grand malheur nous frappe, nous irons ensemble là-bas à la nage...

Et il montrait l'île Vierge.

— Nous irons où tu veux, répondait-elle.

— Sous les saules, où jamais les chasseurs ne sont allés, nous nous mettrons à genoux, nous collerons nos fronts l'un sur l'autre...

— Nous ferons ce que tu dis...

— Nous nous laisserons mourir, ajoutait-il tout bas.

— Je t'aime.

Les deux chevreuils aux naseaux noirs repartaient follement à travers leur vallée des Quenouilles, en bondissant par-dessus les buissons humides. Ils dévalaient jusqu'au fin fond du silence, où pousse le thym des montagnes. Dans les tièdes éclaircies à odeur de pin, ils s'arrêtaient, fatigués de bonheur.

Ce matin-là :

— Tu penses à quelque chose ?

— À notre petit.

Elle regarda autour d'elle.

— Quand il sera prêt à venir au monde, nous viendrons ici.

— Nous reviendrons.

— Ne repartons pas, dit-elle en l'arrêtant. Je veux voir.

— Couche-toi dans la fougère, murmura-t-il.

— Parlons de lui.

— Moi, je vais rester debout pour surveiller. Si nous entendons du bruit, tu ne bougeras pas. Je tournerai. Repose-toi, ma biche, et laissons le temps se promener d'une clarté à l'autre. Serais-tu inquiète ?

— Non. Mais afin de conserver mon bonheur, récite-moi la loi des chevreuils encore une fois. Si le danger venait, je veux savoir quoi faire.

— La loi des chevreuils ?

Il récita la loi des chevreuils qu'il savait par cœur :

— Dans un endroit à découvert, passe au grand galop. Dans un endroit couvert : l'immobilité. Marche dans l'eau pour dépister les chasseurs. Descends dans le sens du vent pour flairer les odeurs qui viennent d'en haut. Quand tu entends le cri d'un chevreuil, méfie-toi, les hommes sont de bons imitateurs. Le grand secret : fuir les endroits faciles et rentrer dans le silence à mesure que le bruit s'approche.

Voilà la loi.

Réconfortée, elle dit :

— Je serai brave jusqu'à la fin.

— Ne parlons plus de dangers, fit-il gaiement.

Vois comme il fait beau sous le ciel immense. Il y a de la forêt jusqu'à la fatigue. La vallée des Quenouilles n'a pas de frontière. Nous sommes bâtis pour l'inaccessible et si le danger vient, nous courrons plus vite que lui; jamais il ne pourra nous rejoindre. Tu me crois?

— Je suis la plus heureuse de toutes les biches.

De très loin là-bas, une douce petite voix se mit à chanter:

À la claire fontaine, m'en allant promener,
J'ai trouvé l'eau si belle que je m'y suis baignée;
Il y a longtemps que je t'aime, jamais
                    [Je ne t'oublierai.

— Bonjour, mésange, dit Naseau Noir.

— Bonjour, monsieur, madame.

— Où vas-tu comme ça d'une branche à l'autre?

— Je cherche des toiles d' araignées, des cocons de chenilles, de la mousse, des morceaux de guêpier pour bâtir mon nid.

— Tu veux qu'il soit doux? demanda Naseau Noir.

— Il ne le sera jamais trop; et s'il existait quelque chose de plus doux qu'une toile d'araignée, j'irais en chercher.

Et en chantant «jamais je ne t'oublierai», la mésange s'éloigna. Quand elle fut partie, Naseau Noir dit à sa compagne:

— Je connais quelque chose de plus doux qu'une toile d'araignée.

— Quoi? fit-elle tout bas. De la quenouille mûre?

— Non. Devine.

— Des pattes de lièvre?

— Non. Le cou de ma biche; mets-le dans mon panache. Fais silence, je vais te bercer.

Et il la berça en disant:

— Il y a les bourgeons qui s'étirent dans l'écorce au printemps; il y a les ruisseaux qui coulent des montagnes, débordent et se mêlent entre les joncs. Il y a l'encens qui sort de terre dans les couchants de juin ; les grands-pères chevreuils qui reviennent au lieu de leurs amours, en septembre. Il y a octobre qui lance des tourbillons de feuilles dans l'air ; il y a des levers de soleil sur la première neige, et les branches qui craquent ; et l'hiver où l'on va rejoindre le troupeau dans la baie discrète.

— Il y a... quoi encore ? demanda la biche.

— Ce qu'il y a de plus beau dans la vie d'un chevreuil, c'est marcher dans la montange par des sentiers neufs et, butte après butte, présenter la vie à sa biche.

— Tu es mon cerf bien-aimé, murmura-t-elle en glissant son cou dans le panache où c'était tiède.

— Avais-tu vu la vallée des Quenouilles avant de venir avec moi ?

— Non. C'est toi qui me l'as donnée. Notre vallée, je la donnerai moi aussi un jour.

Et il rêva au petit faon.

— C'est bientôt ?

— Oui, bientôt.

— Que de merveilles il me reste à connaître !

— Crois-tu qu'il y a des biches malheureuses ?

— Oui.

— Pourquoi le sont-elles ?

— Parce que... parce que parfois le malheur vient.

— Peut-il venir chez nous ?

— Je ne le permettrai pas.

— S'il venait quand même ?

— S'il venait ?

Il remua les oreilles, fixa la roche là-bas :

— L'île Vierge ! Parce que je ne veux pas te voir souffrir, jamais, jamais, jamais. Ensemble, à la nage, nous partirons dans le courant froid, pour une traversée sans retour. Aurais-tu peur?

— Non. J'irais, promit-elle.

De très loin, la mésange chantait: « Il y a longtemps que je t'aime, jamais je ne t'oublierai. »

— La mésange prépare son nid. On ne la voit plus, dit la biche.

— Le temps est écho, reprit le chevreuil.

— Est-ce déjà la fin du jour?

— Oui. Et nous aurons de la pluie. Entends-tu les premières gouttes qui tombent?

— Passons la nuit ici, dans la fougère, veux-tu? Viens près de moi.

Il se pressa contre elle pour la réchauffer:

— Es-tu bien?

— Oui, murmura-t-elle. La mésange doit être rendue chez elle. Gracieuse petite!

— Demain nous irons au lac, et tout en marchant, je te raconterai des histoires. Demain, les feuilles seront humides et luisantes; nous nous baignerons dans la rosée; le brouillard nous cachera comme un voile blanc. Bonsoir. La nuit est venue. Ma biche?

— Oui?

— Je pense à lui.

***

Une fin d'après-midi de soleil, le petit faon vint au monde dans l'éclaircie de silence où pousse le thym des montagnes.

Les deux chevreuils aux naseaux noirs le présentèrent à leur vallée des Quenouilles. Le petit n'en finissait pas de gambader sa joie.

Il avait la tête sèche, les yeux grands, le museau pointu comme celui de sa mère, les naseaux noirs et humides comme ceux d'un chevreuil de race. Avec ses petits sabots neufs, il piquait la terre, sautait les souches pourries, glissait sur la fougère, courait au-devant des feuilles qui tombaient; et soudain, le ventre en l'air dans les flaques de soleil, il ruait les herbes en regardant sa mère.

Un matin, tandis qu'il dormait encore et que les fleurs s'ouvraient, le père arriva, les oreilles inquiètes, les naseaux questionnant le sud. La biche se leva, flaira à son tour le malheur qui s'en venait dans le vent.

— Des chasseurs?

— Viens! Partons. Réveille-le.

— Des chasseurs?

— Sans bruit, partons.

— Tu les as vus?

— Oui, dans le sud.

— Avec des chiens?

— Tu es prête?

— Avec des chiens?

— Oui.

— Pourquoi? hélas! pourquoi? gémit-elle.

— Il est réveillé? demanda le chevreuil.

— Viens, mon petit faon, viens. Fuyons. Le malheur nous cherche pour nous tuer!

Ils marchèrent dans le bois épais.

— Cache-le ici dans le buisson, commanda le chevreuil.

Et elle poussa son faon à l'abri:

— Fourre-toi bien au fond et ne bouge pas.

— Moi, j'irai au-devant des chiens, dit le chevreuil. Je me laisserai courir. Je vais les égarer au précipice.

— S'ils te prenaient?

— Ils vont courir longtemps. Toi, veille. Adieu ! ma biche.

Et il disparut d'un saut.

— Naseau Noir ! Naseau Noir... Naseau noir !

***

Deux heures plus tard, ils étaient réunis. La biche pleurait, et Naseau Noir frappait les petits arbres avec son panache.

— Es-tu trop blessée pour marcher ?

— Ce n'est pas la jambe qui me fait mal, répondit-elle.

— Viens. Nous irons lentement.

— Je ne veux pas partir.

— Viens. C'est l'heure. Passons par le vieux rocher.

— Où allons-nous ?

Tout bas il dit :

— À l'île Vierge ! Nous traverserons au-dessus d'un rapide. Je sais l'endroit. Après la pruchetière. Viens.

Ils s'éloignèrent. Rendu au bord d'une rivière farouche et rapide, le chevreuil dit :

— Suis-moi, c'est ici. Tu vois l'île Vierge, en face ?

— Je vois mon petit faon mort dans le buisson.

— Je passerai le premier. Allons-y. Tu laveras tes plaies dans l'eau en nageant.

Ils nagèrent sans parler, en contournant les roches ; ils touchèrent le rivage où il y avait du sable chaud.

— L'île Vierge ! dit le chevreuil en secouant l'échine. Ici nous dormirons.

Ils marchèrent sur le sable, entrèrent dans le bois.

— Il n'y a pas de traces : ni de chasseurs, ni de chiens, ni d'ours, ni de lièvres. Voilà les saules dont je te parlais. Viens dans l'oseille, nous allons dormir.

— Je veux mourir en regardant la vallée des Quenouilles.

Il se coucha auprès d'elle. Et ils essayèrent de dormir, mais n'en furent point capables.

* * *

Une voix connue chanta *À la claire fontaine.*

— C'est la mésange, dit le chevreuil.

— On dirait qu'elle pleure. Où est-elle?

— Elle a abandonné la vallée des Quenouilles, elle aussi. Tiens, je la vois. Que vient-elle faire sur l'île Vierge?

La petite s'approchait en chantant toujours:

Jamais je ne t'oublierai.

— Bonjour, Mésange! cria la biche.

La petite répondit, toute souffrante:

— J'ai perdu ma couvée dans l'orage.

Les deux chevreuils se regardèrent.

— Quand ça? demanda la biche.

— Il y a deux jours. Le vent a bousculé mes œufs par terre et les a cassés.

— Que fais-tu ici?

— Je cherche des toiles d'araignées, des cocons de chenilles, des morceaux de guêpier et de la mousse.

— Approche-toi, Mésange. Tu recommences?

— Vous voyez bien. Il faut qu'il y ait encore des oiseaux dans les bois.

— Qui est avec toi?

Avec son petit bec, la mésange montra le firmament, et l'or à pleine couleur dans la direction du couchant.

— Il s'occupe de toi? demanda Naseau Noir.

— Et des brins d'herbe aussi.

Le chevreuil, avec ses dents, s'arracha une pincée de poils roux :

— Prends ceci.

— Et moi, je te donne tout cela, dit la biche qui avait aussi arraché de son poil. Ce serait trop triste, si un jour il n'y avait plus d'oiseaux.

— Je cours avertir mon mari qui pleure dans les quenouilles et ne veut plus voir le ciel. Nous aurons le plus beau nid de la vallée.

Et gaiement elle s'éloigna en reprenant sa chanson. Les chevreuils restèrent seuls.

— La mésange est partie. À quoi penses-tu, ma biche ?

— Le vent est rempli de menthe et vient de la vallée.

— Tandis qu'il reste encore de la lumière.

Les deux chevreuils, l'un derrière l'autre, s'enfoncèrent, muets, dans les misères du chemin.

Dans l'étable

Le jour tombe. De grands nuages passent, sans but, échevelés. Doucement, sur la neige, un autre soir se pose.

Tout le monde est chez soi, près du feu. D'une ferme à l'autre, le vent rôde. La terre dort profondément. Le long de la route, les cheminées des maisons fument comme des haleines. C'est l'hiver.

Dans le sentier qui conduit à une étable marche un homme chaussé de bottes à clous, derrière un chien qu'il tient en laisse. Arrivé à l'étable, l'homme ouvre la porte, entre, fait de la lumière. Quelques animaux se retournent, reconnaissent leur maître dans un nuage de vapeur et replongent leur tête dans la crèche.

Le chien trotte vers une chaudière d'eau qui est là, lape quelques gorgées, puis tourne à gauche, se couche sur la paille de l'allée, presque sous le naseau des vaches. Son maître l'attache à un anneau de broche, lui pousse du pied un mordeau de viande, s'assure que tout est bien et se retire.

Les bêtes connaissent bien la nuit et connaissent surtout le silence.

À droite du chemin, il y a un beau cheval; à sa gauche, un énorme bœuf; et au fond en face, le poulailler.

Le chien, sans se lever, flaire la viande, la dédaigne, soupire, sourit au cheval qui l'observe et machinalement s'aplatit dans la paille.

Il est triste.

Après avoir bien ruminé, le bœuf lève sa grosse paupière, fixe longuement son ami le chien, et lui dit avec douceur :

— Tu maigris, Barbu.

— Je sais, fait le chien.

— Mange. Tu te laisses aller.

— Je n'ai pas faim. Je suis fatigué.

— Force-toi. Mange. La viande est belle.

— Tout à l'heure.

Le bœuf, qui s'appelle Samson, et n'a rien à faire le soir que de repasser sa journée dans sa tête, continue de parler paisiblement :

— Aujourd'hui, je pensais à toi. J'aurais voulu être un chien.

— Tu es fatigué d'être bœuf ? lui demande Barbu.

— Non.

— Pourquoi voulais-tu être un chien ?

— Pour pouvoir t'aider. Ce n'est pas drôle, l'ouvrage que tu fais.

— Ça marche tranquillement. C'est mon plus gros hiver.

— Combien sont-ils dans le traîneau, deux ?

— Oui. Deux enfants, répond Barbu. Ça pouvait aller quand j'étais avec le Noir, mais tout seul...

— Oui, c'est trop pour un tout seul. Je pensais à toi... Tu cours combien de milles par jour ?

— Cinq le matin, cinq le soir. Sans compter les ravaudages de la maison à ici.

— C'est trop pour un tout seul.

— Sans compter que les chemins ne sont pas beaux : des roulières, des trous… Le traîneau colle. Tout seul, à la longue, c'est fatigant pour le poitrail.

Samson le félicite et lui pose toutes sortes de questions pour le désennuyer :

— Combien pèses-tu ?

— Cet automne, quatre-vingt-dix livres. Maintenant, je ne sais pas.

— Tu es bon.

— J'ai hâte d'avoir de l'aide.

— Le Noir sera difficile à remplacer.

— Je sais.

— Quand l'autre doit-il arriver ? demande Samson.

— Ces jours-ci, répond Barbu. En me passant le collier tous les matins le maître me dit : « Dernière journée, Barbu, donne un coup. Ce soir, tu auras un ami. » En attendant, c'est dur.

— Tu es bon, répète Samson avec sa grosse voix. J'irais bien à ta place, mais les enfants arriveraient en retard à l'école.

— Ce n'est pas ton ouvrage, Samson, c'est le mien. Tu es un bœuf, je suis un chien.

— Je ne suis pas de voiture, ce n'est pas de ma faute. Et le bœuf rit.

— En tout cas, ça va passer, conclut le chien avec confiance ; j'attends.

— Tu t'ennuies du Noir ?

L'autre murmure :

— Ne me parle pas de lui, veux-tu, Samson ?

— J'en parle, parce qu'il couchait là, à côté de toi. Avant que tu arrives, tantôt, Sillon et moi, nous repassions des souvenirs.

— N'en parle pas.

— Avec ses grandes pattes croisées... continue quand même Samson.

Pour changer de sujet, le chien demande au bœuf:

— Vous autres, qu'est-ce que vous avez fait?

— Sillon a été aux bois, dit Samson; moi j'ai glaisé.

— Faudrait pourtant que je te voie. Ils te mettent des bonnes charges?

— Oui, pas loin d'une tonne. Je pense qu'ils le font exprès; ils aiment ça quand je force, quand le bacul plie comme un arc. Je me mets à genoux pour me reposer; ça les amuse.

— Ça ne te fatigue pas?

— Ça ne me dérange pas. Du moment qu'ils me laissent souffler; tu viendras me voir au pit. (Il voulait dire au trou de glaise.)

— Oui, samedi. J'ai congé, répond le chien.

Un silence plane dans l'étable; le bœuf regarde autour de lui.

— Faudrait faire quelque chose pour nous changer les idées. As-tu vu la nouvelle toilette de Sillon? demande-t-il gaiement à Barbu. Regarde-le.

Tous les deux examinent de l'œil le cheval Sillon, frais rasé des pattes à la crinière.

— Ils t'ont coupé le poil des pattes, Sillon? demande Barbu.

— Pas rien que les pattes; tout le corps aussi, c'est pour ça que je garde ma couverture.

— Il a l'air d'un cheval de pompier, dit Samson.

— J'ai assez de décence pour me vêtir, répond le cheval.

Et le bœuf continue.

— Je trouve qu'il a des sabots de danse.

— Je ne changerais pas de sabots avec toi, répond le cheval.

Le bœuf hausse ses grosses épaules.

— Pas moyen de lui faire des compliments.

Le chien s'adresse au cheval :

— Tu as des belles pattes, Sillon.

Sillon se met à rire :

— J'ai hâte que ça repousse. Je me sens déshabillé. S'ils peuvent raser Samson, nous allons rire ; je le vois dans une petite robe rouge...

— Tu riras si tu veux. Moi, je suis comme le Noir, dit la grosse voix, je prends bien ça, rien ne me fait rien, la vie est bonne.

— Samson !

— Quoi ?

— Barbu t'a demandé de ne pas parler du Noir. Le bœuf comprend et s'excuse :

— C'est plus fort que moi, excusez. Qu'allons-nous faire ? Personne n'a envie de dormir ?

Du fond de l'étable, là-bas sur les juchoirs du poulailler, une voix grêle éclate :

— Hé ! Nous voulons dormir, nous autres. Vous n'êtes pas les seuls dans l'étable. Achevez-vous ?

C'était le coq.

— Ah ! dit Samson, voilà l'occasion de te dérider, Barbu. Nous allons le faire fâcher ? Un coq... ça prend trente secondes.

— Je ne fais pas la sieste durant le jour, moi, continue le coq. J'ai besoin de toute ma nuit.

— En voilà un qui fait plus de tapage que moi, remarque le cheval ; il n'est pas ferré pourtant.

— Faisons-le fâcher, souffle Samson.

Mais l'autre, là-bas, répète avec colère :

— C'est la nuit, vous ne savez pas ça ?

— Tu ne vois pas la lumière ? crie Sillon. Chante, c'est le matin !

— Je suis fatigué, moi. Je veux dormir.

— Il est fatigué. Il a dû voler trop haut aujourd'hui, dit le bœuf.

— Cocorico, réveille-nous. Le soleil est levé.

Et le cheval essaie d'imiter la voix du coq. Barbu, amusé, sourit.

— Faudrait l'amener glaiser, lui propose tout bas le bœuf. Hé! viens-tu glaiser demain?

— Si vous voulez pondre des œufs, oui, lui réplique le coq avec sa voix enrouée.

— As-tu entendu? Pondre des œufs! Pour dire ça, il est fâché.

Et Sillon rit aux éclats.

— Bande de paresseux! lance le coq, moi, quand j'ai soif, je vais boire; je n'attends pas qu'on me passe l'eau sous le nez.

Samson, qui a de l'esprit quand il veut, lance au coq:

— Tu n'as pas de nez!

Toute l'étable rit.

— Laissez dormir les poules, effrontés.

— Il n'a pas de front non plus, dit Samson, c'est difficile de lui dire des bêtises. Viens te battre.

Le coq est furieux:

— Ma colère monte, Samson.

— Tu vois? dit le cheval à Barbu, on peut lui faire chanter tout l'opéra.

Mais Barbu tourne violemment la tête du côté de la porte et dit:

— Chut! Écoutez. Silence!

— Qu'y a-t-il? glousse le coq.

Sur l'ordre du chien, le bœuf, le cheval et le coq se sont tus immédiatement. Le coq ramène ses ailes sur lui, s'écrase peureusement sur son juchoir et, l'œil jaune, guette la porte.

Samson le bœuf balaye le fond de sa crèche d'un coup de langue et, la paupière demi-close, attend. Le cheval Sillon pointe les oreilles, retourne la tête et s'inquiète. Barbu le chien recule la chaîne avec sa patte, s'assoit et, le museau en l'air, flaire ce qui s'en vient dehors. La porte de l'étable s'ouvre.

Le maître paraît, tenant au bout d'une chaîne un grand chien gris à poil ras, haut sur pattes; un bon poitrail, mais des yeux louches. C'est le remplaçant que Barbu attend depuis si longtemps.

Le nouveau venu regarde tout le troupeau sans saluer, le plafond, les stalles, les attelages, fait la moue et, presque en rampant, se laisse conduire par le maître.

Le maître l'attache à un coin de l'allée, en face de Barbu, lui jette une brassée de paille et, le flattant de la semelle, lui dit: «Bonsoir, le Tigre.» Puis l'homme part, laissant derrière lui un grand silence.

Le Tigre se sent regardé, il pose fièrement comme un chien qui a beaucoup voyagé, montre les dents, sacre et, dédaigneusement, attend qu'on lui parle.

Le bœuf retourne son front vers le mur, en mâchonnant pour lui tout seul:

— Le Noir n'est pas remplacé.

Le cheval frappe son sabot sur le plancher et branle la tête de haut en bas.

Depuis longtemps, le coq ne bouge plus, le bec sous l'aile. Barbu, la tête penchée, une oreille pendante, regarde le nouvel arrivé, tranquillement, sans prétention, avec ses bons yeux de chien barbet:

— Allô, le Tigre, dit-il doucement. C'est avec moi que tu vas travailler. Content, content de te voir. Je m'appelle Barbu. Lui, c'est Samson, lui Sillon, elle

Fusée. Demain je te présenterai ceux qui dorment…
Tu m'entends?

L'autre ne répond point.

— … L'ouvrage est fatigant un peu ici, mais à deux ça va bien aller, tu vas voir, continue Barbu. D'où viens-tu? Je ne t'ai jamais vu, ni au village ni en ville. Tu es un chien-loup, toi, hein? C'est la première fois que tu viens sur la terre? Tu vas aimer ça. C'est la paix. L'été, nous prenons des vacances, des vacances payées… Tu es le bienvenu. Tu ne parles pas? Tu n'as pas de voix? Le Noir, celui que tu remplaces, était muet. Pas de jappe, rien. Le meilleur chien du canton, quand même… C'est lui que tu remplaces. Il est mort. C'est toi qui vas mettre son collier, tu es chanceux; moi j'ai pas le cou assez grand.

Le nouveau chien ne répond rien à toute cette bienvenue. Par-dessus le mur, le cheval souffle au bœuf:

— Muet lui aussi?

— Je ne pense pas, répond le bœuf.

Et le nouveau, comme un tigre hypocrite, ouvre soudain la bouche pour parler effrontément:

— Déchéance! dit-il. Je suis mal tombé! C'est le bas-fond de mon existence ici! Je remplace un chien muet! Où suis-je? Savez-vous à qui vous parlez, monsieur? Vous me dégoûtez tous cordialement. Non. Je ne suis pas chanceux. Qu'est-ce qu'il y a là-dedans? Des poules? Jacobines avec le chapeau rouge? Drôles de révolutionnaires, ça se tient perché. Et ça, ce sont des mappemondes étampées sur le flanc, elles se croient l'univers? Et lui avec sa robe et ses sabots, il est en costume de nuit? Dommage qu'il n'ait pas le bonnet. Toi, tu ne te laves pas de temps à autre? Je ne suis pas chanceux! Je peux dire adieu à la vie!

Vous n'avez pas vu mes médailles, non ? jappe-t-il d'une voix criarde et prétentieuse. J'hésite à me présenter ; je le fais comme on remplit un devoir : je suis le Tigre, ancien champion du *derby* international. Êtes-vous sourds ? Vous avez devant vous un héros des *derbies* de chiens. J'ai fait les courses à Ottawa, à Montréal, à Toronto. Je suis né dans les Rocheuses, un pays aéré ; mon père était un loup. J'ai couché dans des draps blancs ; j'ai mangé du chevreuil cuit ; et plusieurs ministres se sont dégantés pour me toucher le poil. Tous les journaux du temps m'ont photographié, dans mon attelage en cuir de Russie, piqué de boules de cuivre. Voilà à peu près ce que je suis, sans détails, parce que ça vous éberluerait.

Je crois que je parle dans le vide !

Alors toi, petit chien...

Et il s'adresse à Barbu :

— ... c'est avec toi que je vais travailler ? De quoi dois-tu avoir l'air sur une piste ! Peux-tu te porter, toujours ? Déchéance ! On t'a fait travailler trop jeune, tu as les jambes crochues. Je ne te vois pas les yeux... Dis donc, si tu te peignais ? Combien fais-tu à l'heure ? As-tu des médailles ? Tu n'es pas bâti pour le championnat. Il faut descendre bas pour voir des portraits comme le tien. Pas plus tard qu'il y a deux ans, j'ai roulé quarante-deux milles par jour et durant trois jours de suite !

L'étable garde le silence.

— Je parle dans le vide ! répète-t-il. Es-tu dompté à la parole, ou au cordeau, ou au signe, toi, le petit ? Moi, à n'importe quoi. J'ai hâte de te voir sur ma trace demain. Si je te fatigue, tu sauteras dans le traîneau. Déchéance ! Où suis-je tombé ? Rien à boire, rien à manger ! Et vous sentez mauvais. Et toi, le chapeau

rouge, pas un mot, parce que tu me rappelles les
dîners que je prenais dans les hôtels riches.

Le Tigre du *derby* international : ce n'est pas difficile à retenir ? Ça va.

***

Telle fut la façon dont le Tigre se présenta. Le lendemain soir, il se passa une scène pénible. Après le
voyage à l'école, Barbu fut reconduit seul dans l'étable.
Le maître l'attacha à son anneau de broche, comme à
l'ordinaire ; puis il tira une chaîne d'un crochet et
sortit de méchante humeur. Le Tigre était resté
dehors. Chacun savait ce qui allait arriver. Soudain,
les animaux entendirent crier le Tigre ; il hurlait à
fendre l'air et se tordait sur la neige ; la chaîne faisait
un bruit sourd.

Dix minutes plus tard, l'ancien champion parut,
sanglant, écumant. Avec sa botte cloutée, l'homme
l'écrasa par terre sur la paille. Il raccrocha le bout de
chaîne à sa place, marcha vers Barbu, le caressa et s'en
fut à la maison.

Aucune des bêtes ne parla. Le coq se dérhuma
timidement et fit semblant de dormir. Sillon le cheval
lança un clin d'œil à Samson le bœuf. Barbu ne savait
que faire ; il tournait en rond, cherchait quelque chose
à dire. Il allait ouvrir la bouche, lorsque le Tigre
méchamment lui cria :

— Ta gueule ! J'ai faim. Il n'y a rien à manger ? Je
demande s'il y a quelque chose à manger ! Déchéance !
Toi, tu as un morceau de viande, et moi je n'ai rien
alors ?

— C'est vrai, commença Barbu, je n'avais pas remar-
qué. Si je n'étais pas enchaîné, je te porterais ma

viande. C'est un oubli. Le maître va revenir. C'est un oubli.

— Il est mieux de revenir, sacra le Tigre, parce qu'à la prochaine occasion, je lui broie un genou.

— Ne fais pas ça, le Tigre, dit Barbu, je ne te le conseille pas.

— J'ai faim. Je veux à manger.

— Le maître va revenir. Ce doit être un oubli.

— Non, ce n'est pas un oubli !

Toutes les têtes de l'étable se tournèrent vers le vieux chef là-bas, Samson qui venait de parler avec sa voix de tonnerre.

— ... Nous avons une loi. Comprends-tu, le nouveau ?

Tu as peut-être bien voyagé, mais tu ne connais pas la loi. Ici, la loi c'est « gagne ton sel ou crève ». Si tu n'as rien à manger, c'est parce que tu ne mérites rien. Ce n'est pas un oubli de la part de personne ; à chacun selon son travail.

Ça marche comme ça dans nos étables. Il n'y a pas de jaloux ni de profiteurs. Barbu a gagné la viande qu'il a devant lui ; toi, le nouveau, tu n'as rien gagné. Le maître t'a battu ? Pour ce soir, mange ta rage. Et puis, pas un mot. Tu as assez parlé, hier. C'est drôle qu'un héros comme toi, on ne t'ait pas cassé le cou encore...

Ici, tu vas te faire dresser. Ce qu'on pense de toi ? Tu n'as pas d'allure. Tu n'es pas élevé. Tu viens d'un *derby* ? Sais-tu ce qui est plus dur qu'un *derby* international devant la foule ? C'est la petite routine de tous les jours devant personne...

Ici, chacun fait son ouvrage sans parler. Nous avons pris une habitude dans l'étable : ne jamais dire que nous sommes des champions, essayer de l'être.

Je gage que tu ne vaux pas une brassée de paille, je gage que Barbu t'a poussé dans le derrière toute la journée. Personne ici n'a couché dans des draps blancs. Mais nous savons deux choses : obéir et servir. Voilà la loi en deux mots. L'année passée, à la glaise, il y avait un bœuf qui travaillait avec moi, un crâneur comme toi. Veux-tu savoir comment il a fini ? C'est Barbu qui l'a mangé. Ne prends pas de chance. Sois averti : ici, c'est droit ; pas de biaisement ; ton passé, ça nous est égal. Le Noir, c'était un chien ; demande à n'importe qui de l'étable, ils vont te conter son histoire. Fais comme lui, nous t'aimerons. Tu n'as pas l'air d'avoir son endurance.

Samson se coucha lentement. Le Tigre commença à s'ennuyer. Alors, tendrement, Barbu parla.

— Vois-tu, dit-il au Tigre, le Noir, c'était un grand chien à peu près de ta longueur ; pas beau mais dévoué, muet à part ça ; c'est peut-être pour cela que nous l'aimions tant.

Quand il est venu ici, il ne connaissait pas la terre, mais ce qu'il voyait alentour ne le faisait pas rire. Il venait d'une souche humble. Il faisait tous les travaux ; durant l'été, matin et soir, au train dans le bois ; et durant l'hiver, matin et soir, à l'école : dix milles par jour. Toi tu en as fait quarante-deux, mais pendant trois jours seulement ; lui, dix milles par jour, pendant six ans. Tu vois ? Et souvent il se passait de dîner ; bon caractère quand même.

Des gens d'Ottawa t'ont flatté le poil, toi, mais le Noir, pas une personne du canton ne l'a pas flatté.

L'automne dernier, un soir des moissons, pour la première fois de sa vie, il hurla dehors. Le maître est venu avec le fanal ; il lui a demandé : « Qu'est-ce que tu as ? » Le Noir avait les yeux enflés. Le maître l'a amené ici dans l'étable. Moi, je l'ai vu passer ; il titubait comme ivre; il tombait, il suivait en culbutant; il n'a pas voulu prendre de remède. Le lendemain matin, il était mort, couché comme à son habitude, les grandes pattes croisées et le museau par-dessus. Il était parti vite. Nous avons tous pleuré. Cet été, si tu es encore ici, je te montrerai la place derrière la grange où le maître l'a enterré, sans déranger le museau sur les pattes. Tu vois qui tu remplaces?

Le Tigre avoua avec assez de politesse:

— C'est un champion, pas d'erreur. Mais je me demande si dans le *derby*...

— *Derby* de trois jours, coupa Samson, il n'aurait pas fait éclat; sa spécialité, lui, c'était le *derby* de dix ans. Essaye, toi, le Tigre. Voilà ta chance.

Alors le Tigre éclata.

— Moi, j'ai un caractère de chien, j'aurais dû vous rencontrer auparavant, je n'aurais pas fait tant de tempêtes.

Tous les animaux le regardèrent avec joie:

— Le faisais-tu exprès pour ne pas travailler aujourd'hui, au traîneau? demanda Barbu.

— La vérité: ça ne me le disait pas, répondit le Tigre.

— Parce que, si tu es malade, fais-le voir au maître, il va te soigner.

— Non, je ne suis pas malade.

— Tu vois la stalle là-bas? C'est l'infirmerie.

— Je ne suis pas malade, non.

— En tout cas, repose-toi pour demain, dit Barbu doucement: petit à petit nous allons nous connaître. Bonsoir. Le réveille-matin est derrière toi dans le poulailler.

Et le Tigre murmura:

— Bonsoir, Barbu.

Il renifla deux ou trois coups et se coucha. Samson, Barbu, Sillon, le Coq et tous les autres l'observaient.

Le Tigre les regarda lui aussi, un par un, lentement, calmement : il vit des blessures aux épaules de Samson, un trou dans un des sabots du cheval, et les flancs de Barbu si maigres.

Quand il crut que toute l'étable était endormie, il se tourna vers sa chaîne et la lécha sans faire de bruit.

Barbu, de son lit de paille, pleura sans bouger la tête, sûr qu'on ne voyait pas ses yeux, à cause de ses longs cils, et dans le fond de son crâne de chien, il se dit :

— Le Noir est remplacé.

Tanis

À l'âge de trois ans, il lui était arrivé un malheur. Un accident. Les vieux disaient qu'une faucheuse lui avait broyé les jambes, d'autres prétendaient que c'étaient les suites d'une maladie d'enfant. Il avait les jambes comme deux bas de laine. Il pouvait les prendre avec ses mains, les plier sous lui, les mettre en paquet, s'asseoir dessus sans douleur. Recouvertes d'une peau jaune trop grande, qui pendait, ses jambes étaient mortes.

Par contre, il avait des bras formidables, un torse d'athlète, un cou de lutteur, mais un visage laid avec des boutons sur le nez et des points noirs. Tanis était son nom. Incapable de suivre ses frères aux travaux de la ferme, il passait ses jours en face de la maison dans un petit restaurant que son père lui avait bâti. Collé sur un banc qu'on avait fait à ses mesures, il guettait les heures et les clients sans parler, bien au milieu de sa solitude.

Lorsqu'un étranger entrait, il le regardait fixement avec des yeux vifs, presque durs. S'il ne comprenait pas du premier coup, il se faisait répéter la demande en pâlissant.

Alors, il se déplaçait. Il cramponnait ses mains, une au comptoir, l'autre dans les tablettes et, au rythme de ses jambes qu'il balançait dans le vide, il avançait par la puissance de ses bras. Vis-à-vis l'objet demandé, il s'arrêtait, retirait la main attachée au comptoir et, suspendu par l'autre comme un quartier de viande chez le boucher, il prenait son bâton pointu et avec adresse piquait au-dessus de sa tête l'article demandé, donnait un coup et, au vol, l'attrapait. Le client était servi. Le bâton se raccrochait à la poche de chemise, l'infirme se balançait à reculons, retombait sur son banc. La caisse s'ouvrait devant lui : il recevait l'argent, remettait la monnaie, et le client ébahi continuait son chemin.

* * *

L'infirme vivait dans son restaurant. Seul. Même le soir quand la jeunesse s'y rassemblait pour fumer, jaser et quelquefois danser au son des disques. Surtout quand il y avait du monde, il était seul, et plus encore quand il y avait de la danse. « Bonsoir, Tanis. » Tanis se composait une grimace qui riait. On lui tournait le dos. On se groupait aux tables. Et les yeux de Tanis suivaient de loin, par les vitres de son comptoir, les gars de son âge, qui avaient des jambes.

Quelquefois un jeune homme proposait un tour d'auto. Au milieu des rires et des cris, il voyait, par la route où descend la brunante, disparaître garçons et filles, comme un voilier d'oiseaux heureux, les ailes ouvertes. On oubliait toujours Tanis. On oubliait toujours de fermer sa porte. Et quand la voiture entrait là-bas dans le soir de la côte, emportant chansons et belles jupes, Tanis laissait son banc, se traînait par terre avec ses mains, comme un enfant, poussait la porte, s'assurait que personne ne venait au loin, faisait le tour des tables, ramassait les bouteilles vides. Le ménage fini, il grimpait sur les chaises, faisait le tour des cendriers, les vidait tous, sauf un qu'il apportait derrière son comptoir et cachait sous son banc : celui qui avait une cigarette avec un bout rouge de lèvres. Flora était la seule qui fumait. Flora était la seule qu'il aimait.

Pour se transporter de chez lui au restaurant, du restaurant à chez lui, Tanis avait un terre-neuve noir, à poils longs.

Tout jeune, avant même qu'on l'attelât, il s'était attaché à Tanis. Peut-être parce qu'il se faisait souvent dire : « Tu m'aideras un jour. » Il s'appelait Galop. Quand il fut en âge, on lui passa le collier, un beau collier épais, léger, qui lui allait bien. Il devait le garder douze ans sans jamais l'enlever. La voiture aussi allait bien avec lui. Elle était petite mais belle, avec son siège rouge, ses garde-boue solides, ses roues de broche et le coffre en arrière qui fermait au cadenas. Tanis oublia le passé, le présent ; on le vit même rire parfois. Quelle différence avec hier, au temps où ses frères faisaient un banc et, se tenant par les poignets, l'y assoyaient, lui, l'infirme, et le transportaient à son ouvrage, à la hâte pour ne pas être vus. Deux frères qui ne parlaient jamais.

Mais maintenant, c'était fini. Il était libre, indépendant et soulagé. Son terre-neuve était là, sous l'escalier, prêt à paraître au premier appel, à se placer lui-même ; Tanis n'avait qu'à descendre les marches, trois marches faciles, à grimper dans la petite voiture et hop ! À droite ou à gauche, lentement ou en vitesse, les petits cordeaux sont là dans ses doigts, il n'a qu'à les presser et le chien obéit en branlant la queue.

* * *

Un après-midi de soleil, il retournait à son restaurant dans sa voiture. Comme le chien mettait le pied sur le macadam pour traverser, un côté de l'attelage se détacha. La cheville de fer tenue dans le travers de bois sortit et la pauvre bête, ne pouvant ni reculer ni avancer, se coucha par terre. Tanis devint blême, blême comme quand il faisait répéter un client. Il ne savait plus que faire. Si une automobile survenait — elles surgissent comme des flèches dans le détour —, qu'arriverait-il ? Il s'apprêtait à descendre, à se traîner dans le gravier pour débarrasser le chemin, sauver sa peau, lorsqu'une voix de femme lui dit dans le dos :

— Permettez ?

Une jeune femme sauta d'une bicyclette qu'elle coucha en hâte dans l'herbe. Elle s'approcha du chien, le caressa, remit la cheville en place et se recula en disant :

— Voilà !

Elle enfourcha sa bicyclette et continua sa route en souriant.

Tanis n'avait pas dit merci ni rien. Il suait à grosses gouttes. Il y avait du vent dans la robe et les cheveux de la fille. Elle s'éloigna preste comme une biche et son parfum resta. C'était Flora. Hélas ! pourquoi les jolies filles ont-elles pitié ?

Aucun client cet après-midi-là. Et Tanis, les yeux fixés sur la route, relisait sa première page, et la seule page de tendresse qui lui fût jamais adressée. Tanis était heureux et rêva.

Un soir, Flora s'avançait à pied, au bras d'un jeune homme. Tanis l'avait reconnue de loin. Elle avait une autre coiffure qui la maigrissait et des fleurs la main.

Le jeune homme était en chemise blanche, collet ouvert, bras nus. Il se nommait Berchmans. Il avait la chevelure épaisse et bien bouclée. Ils entrèrent en se tenant par la main.

Flora avait gentiment dit bonsoir. Et Tanis, de son banc, avait blêmi en répétant bonsoir.

Berchmans avait pris deux bouteilles d'eau gazeuse, deux verres, et s'était dirigé vers sa compagne. D'autres amis les rejoignirent et, une heure plus tard, toute une jeunesse riait et s'amusait dans le restaurant. Même Tanis, de loin, par les vitres de son comptoir, suivait les propos et riait.

Puis on en vint aux tours de force, comme c'est la mode quand plusieurs jeunes paysans se rencontrent. On tira au casse-doigt, au poignet. Berchmans gagnait la première place dans tout. On recula les chaises, on balaya le prélart et, sur le dos, on tira à la jambette, au bâton, au coup de pied.

Berchmans, vainqueur toujours, avait chaud. Soudain, grisé par le jeu, il fit un bond en l'air, s'accrocha des deux mains à la poutre et se passa le corps entier dans le cercle que faisaient ses bras. Il se noua et dénoua ainsi jusqu'à huit fois. Tout le monde applaudit.

Lorsqu'il retomba sur le plancher, encore étourdi par la culbute, il remarqua, en s'épongeant le front, deux yeux qui le fixaient entre les vitres du comptoir. Deux yeux vifs, presque durs, qui ne riaient plus. Les autres s'en aperçurent. Il se fit un silence. Et Tanis blêmit en se sentant regardé. Il dit en bégayant un peu :

— Berchmans, fais-le dix fois.

Berchmans, amusé, répliqua :

— Je pensais pas même le faire cinq fois !

Puis, ce fut tout. Des conversations se croisaient, mais par bouts, sans entrain ni suite. Une langueur pesait dans le restaurant, comme un défi qui n'est pas relevé. L'infirme attendait en tournant dans ses doigts sa canne à crochet.

Tout le monde connaissait sa force. Un soir, il avait gagné dix dollars à faire des acrobaties.

Berchmans n'avait pas d'argent, ne voulait pas gager et l'infirme ne forçait jamais sans gageure. Berchmans fut bien surpris lorsque Tanis lui demanda :

— Pour rire, amenez-moi pour rire.

Berchmans et un ami le prirent sous les aisselles, le transportèrent sous la poutre.

— Levez-moi.

Les deux jeunes gens le poussèrent à bout de bras et se reculèrent quand il se fut accroché par une main. Toute la salle l'entourait sans dire un mot. Les deux guenilles pendaient intertes, mortes, laides, avec aux extrémités des petits souliers de toile à la semelle neuve. Tanis, lentement, d'une seule main, sans s'énerver, se leva dix fois et alla se baiser le pouce. Puis il recommença avec l'autre bras.

Alors il fit ce que jamais il n'avait fait. Ce que jamais il n'aurait fait. Ce que jamais il n'a répété par la suite.

Il partit en courant comme un singe tout le long de la poutre, en plaçant ses mains l'une devant l'autre, si vite qu'une demoiselle fut effrayée et cria.

Au bout de la poutre, d'un élan formidable, il se lâcha dans le vide, tomba sur une des tables, rebondit par terre et se prit à rouler comme un boule jusqu'à son banc.

Personne ne voyait plus : la stupeur, la poussière même et la surprise embrouillaient la vue.

On s'approcha de lui. Comme dix minutes auparavant, il était assis, blême, calme, mais souriant. La veillée était finie. La nuit était venue. Il fallait fermer.

Flora passa la porte au bras de Berchmans et ne regarda pas derrière le comptoir. Un à un, deux par deux, tout le monde s'en alla et Tanis resta seul.

Ses clefs d'une main, il se traîna difficilement vers la sortie, éteignit les lumières, barra la porte et, sur la galerie, siffla son terre-neuve qui l'attendait.

Le chien se montra, moitié endormi, se plaça comme d'habitude, la voiture près des marches. Mais le maître, au lieu de monter tout de suite, dit au chien :

— Tourne, viens ici, viens me voir. Lèche.

Et le chien lécha la main gauche de l'infirme dont la paume avait une entaille d'un pouce de long. La nuit était si belle ! L'infirme eut envie de pleurer.

Drame dans l'herbe

La nature a passé une belle journée. C'est le soir. Le soleil va se coucher bientôt.

Déjà, les rayons se creusent des nids dans les têtes d'arbres et doucement s'éteignent. Les parfums rôdent.

Le firmament est dans les lacs et les poissons en pirouettant viennent voir dehors si c'est la vérité. Les roseaux plient. La brume passe.

Dans un chicot branlant, un vieux grand-père oiseau gronde ses petits-fils qui ne veulent pas faire la prière. Plus loin, les araignées, pirates des grands chemins, bloquent les routes avec des filets.

Il y a longtemps que les fleurs sauvages ont fermé les paupières et dorment, abandonnées au vent. Un crapaud sonne le couvre-feu là-bas. Quelques insectes égarés, debout sur des brins d'herbe, essaient de trouver leurs demeures en bas. Installée sur une fleur brune, une mouche à feu nettoie sa lampe.

Les sources continuent de couler en riant, même la nuit, surtout la nuit, parce que la nuit est belle demeure à la conscience tranquille.

Chez les fourmis, c'est un soir comme les autres. Tout le monde est rentré sous terre. Les portes des galeries sont closes. La plupart des vieux et des vieilles dorment. De temps en temps, une fourmi affairée se dirige vers le fond. C'est la paix au monastère souterrain.

Dans les avenues de sable les gardiens font tranquillement la ronde sur les promenades, questionnent les fourmillons qui ne sont pas couchés, descendent les escaliers aux petites marches rondes, traversent les ponts de mousse en tâtant les arches.

En arrière, dans la salle des veilleurs, sous une petite rotonde de glaise, quelques fourmis flânent avant d'aller dormir.

Un peu à l'écart, appuyé sur une écharde, Brunâtre, un garçon intelligent, cause avec l'Ermite, un vieux poète qui sait bien des choses.

— Alors, petit, dit le poète, tu trouves que c'est tranquille, ici?

— Un peu, répond l'enfant.

— Qu'est-ce que tu voudrais? Des salles de danse comme chez les cigales? Une liberté comme celle des lucioles? Un cinéma comme les mouches de maison? Des buvettes comme chez les papillons?

— Non, pas tant que cela.

— Alors?

— Je voudrais un règlement plus relâché, un peu plus de monnaie dans mon sac, des amusements plus modernes.

— Mais nous en avons!

— Où?

— Nous avons plusieurs salles de récréation.

Et le vieux fait un geste. Le petit insiste.

— Je sais, mais j'étouffe ici. Nous manquons d'air. Nous ne pouvons pas courir sans que la poussière nous étrangle. Il faut rentrer dès le couvre-feu, alors qu'on est si bien dehors dans l'herbe, à se balancer dans les petits hamacs, tout en causant avec les sauterelles voyageuses. Je ne veux pas critiquer, mais tout à l'heure je veillais chez Soigneuse et, soudain, son père m'a dit en bâillant : « Tu ne t'endors pas, petit ? » Ça voulait dire de m'en aller. Je trouve ça un peu sévère.

Le poète baisse les yeux :

— Peut-être.

— Un peu trop économe aussi.

— Peut-être.

Et le jeune, se sentant écouté, poursuit :

— Tenez, nous pourrions facilement avoir des moyens de locomotion, si l'on voulait : un petit système d'autobus à dos de chenille et un service aérien à dos de libellules, pour visiter les colonies voisines. Travailler un peu moins fort, organiser des voyages, des excursions. Dans la loi des fourmis, il n'y a pas de vacances. On refuse de se moderniser. Pourquoi ne pas ouvrir un comptoir de nos marchandises, avoir nos petits bateaux de feuilles d'écorce et vendre nos produits aux étrangers qui demeurent de l'autre côté de la source ?

Le poète lève les yeux, regarde au loin et dit :

— Tu as raison. Nous vivons simplement, humblement, mais on ne peut pas dire que notre peuple n'est pas heureux. La réputation des fourmis est bonne. Leurs mœurs, leurs traditions, leurs coutumes, leur folklore sont respectés. L'émancipation que tu souhaites viendra petit à petit.

Il tape l'épaule de l'enfant avec une de ses pattes, et poursuit :

— Il y a du bon dans ce que tu dis. Ça viendra. Pour l'instant, nous avons la force d'être contents de peu. Il ne faut pas nous agiter.

Combien d'étrangers, de touristes, de pucerons et de criquets sont émerveillés de nos villages bâtis avec goût et amour, de notre constance dans le labeur, de notre attachement au sol, de notre esprit de conservation et de prévoyance. Le jour où nous laisserons le fond de la terre pour aller vivre la vie facile en haut dans l'herbe, moi, l'Ermite, je te le dis, notre peuple sera en danger de mort.

Brunâtre s'est assis et écoute.

— N'envie pas le destin des insectes de couleur qui passent leurs journées à prendre des coups de soleil, à boire dans les fleurs, à se baigner dans les rosées, à dormir dans les parfums et à voyager dans les brises. Ils déplacent leur ennui en essayant de rire. Ce sont des errants fragiles, des traqués malheureux. Ils sont la dentelle de la création.

Souviens-toi de la file de parasites, qui font la queue à la porte de nos greniers, l'automne, et qui donneraient toute leur fortune pour avoir leur demeure chez nous, à l'abri.

Tenons-nous loin des bousculades et des émeutes. Le travail quotidien, c'est le secret pour ne pas s'ennuyer, pour ne pas se gâter et ne pas pourrir. Puisse le ciel ne jamais oublier de nous faire parvenir chaque jour une petite part de souffrance.

Et le vieux ne dit plus un mot. Brunâtre n'a pas envie de répliquer. Il réfléchit. Puis, soudain, il se lève :
— Bonsoir, l'Ermite. Merci.

Tranquillement, en repassant dans sa tête les paroles du vieil Ermite, Brunâtre, le garçon fourmi, s'en va. Il traverse les avenues heureuses, les ruelles de sable, admire la propreté de son village, grimpe sur sa galerie et se terre dans sa cellule. Il écoute longtemps le silence du peuple en repos, et dit en fermant les yeux :
— L'Ermite a raison.

Et il s'endort.

* * *

Les jours passèrent. Brunâtre voyait Soigneuse de temps à autre et lui parlait de l'avenir de son pays. La petite écoutait en riant et en lissant son corsage avec ses pattes, parce qu'elle était d'une beauté à rendre jalouses les guêpes.

Brunâtre rêvait de toutes sortes de surprises pour elle. Elle était si belle, et il l'aimait tellement !

Un midi, alors que tout le monde dînait sur un nouveau chantier qu'on avait entrepris derrière la rotonde, Pansu, l'homme d'affaires des fourmis, rentra sous terre en coup de vent, essoufflé, pâmé et, en bafouillant, lança sur le peuple une nouvelle extraordinaire. Il se tenait debout sur la galerie la plus haute et criait avec une joie frénétique :

— La prospérité, mes amis ! La prospérité, mes amis ! Venez voir. Ah ! Nous sommes riches ! Venez, c'est formidable ! Suivez-moi !

Dans le brouhaha et l'excitation, tout le peuple des fourmis laissa vermisseaux et quartiers de mouches pour se ruer dehors à la suite de l'homme d'affaires, qui courait d'un brin d'herbe à l'autre, éperdu, comme un fou.

C'était vrai. La prospérité était au pays. À vingt-cinq pieds du monastère, en direction du levant, les fourmis aperçurent là dans l'herbe, écrasant fougères et violettes, une énorme montagne de victuailles, un sac de toile géant, rempli à déborder de pain, de farine, de gruau, de beurre, de fromage, de poisson et de viande, sans compter le lait en poudre, les feuilles de thé, les bouteilles de sirop d'érable, et plusieurs petites poches blanches remplies de sucre blanc. Jamais, jamais on n'avait vu tant de mangeaille à la fois !

On s'informa d'où cela venait. La sentinelle fourmi annonça que la nuit précédente, un ours sans poil avait abandonné cette montagne et s'était enfui en faisant beaucoup de tapage. (Elle voulait dire qu'un trappeur effrayé avait jeté son sac de provisions.)

Les fourmis n'en croyaient pas leurs yeux. Tout ce grenier de nourriture, de générations de travail ardu, cette abondance pour des lunes à venir, était là devant eux, à eux, pour eux.

Pansu, grimpé sur le sac, demanda le silence et, au peuple frémissant de joie, il cria :

— Compatriotes, la misère est finie ! La misère est finie ! Mes amis, mes frères !

Il dansait, embrassait tout le monde. Quelques fourmis faciles à émouvoir se mirent à pleurer de bonheur. D'autres improvisèrent une sauterie comique. Jamais, dans leur histoire, pareille réjouissance n'avait éclaté.

— Hélas ! hélas ! répétait l'Ermite qui se tenait au loin, j'ai peur que l'abondance n'affole mon pauvre peuple !

Pour éviter l'orgie et la bousculade, le grand conseil des fourmis, président en tête, suivi de la garde d'honneur, s'était rendu sur les lieux, guidé par Pansu, pour constater l'authenticité de la chose.

Des ordres furent donnés aux policiers qui gardèrent l'entrée du sac. Et le président lui-même, dans une allocution fleurie, annonça au peuple que distribution juste et équitable serait faite du trésor.

Mais la distribution fut impossible, l'abondance était écrasante ! L'inévitable arriva : des jours durant, on vit l'interminable succession des fourmis autrefois si sages, maintenant devenues hardies et bougonneuses, entrer dans le sac, se gaver de sucre et de sirop, et de viande et de tout, sortir la panse ronde, le souffle plein de hoquets.

Un seul restait dans le fond des souterrains, à réfléchir : l'Ermite. Un matin, il croisa Brunâtre sous la rotonde de glaise et lui dit :

— C'est arrivé !

— Quoi ? fit l'autre, jouant l'innocence.

— Le malheur.

— Qu'est-ce que tu veux dire ?

L'Ermite le regarda une seconde, fit la grimace et dit :

— Rien. Tu vas là-bas ?

— Oui.

— Vas-y.

— Tu as quelque chose à me confier, l'Ermite ?

— Vaux-tu la peine que je te parle ? Va au sac.

— Tu as l'air fâché.

Le jeune faisait mine de n'être pas coupable.

— Non, je ne suis pas fâché, dit le poète. Je suis triste.

Il attendit. L'autre qui était pressé fit des gestes et, pour s'excuser, dit :

— Réjouis-toi. À ce soir.

— Hâte-toi, lui lança le poète soudain devenu en colère, tu vas manquer ton tour, salaud !

— Quoi ?

Le jeune homme n'était plus pressé du tout.

— Quoi ? répétait-t-il.

L'Ermite s'approcha, l'écrasant de son autorité :

— Je dis que tu es un salaud.

Puis il se recula :

— Regarde ici, autour de toi, ton village. Il est abandonné, il s'effrite ; les poutres vont nous tomber sur la tête. Les galeries sont désertes. Les ponts s'écrasent, les avenues défoncent, les vers de terre viennent fureter chez nous. Ça sent la mort ici.

Brunâtre se sentit visé. Il chercha une issue, mais en vain. Alors, il ramassa ses pattes sous lui, s'inclina, résigné à endurer l'orage. Mais la voix du vieillard n'était pas bousculeuse. Elle était triste.

— Ah! Comme la vie est changée! Trop de fourmis sont déménagées avec armes et bagages près du sac, dans le seul but d'avoir de l'argent pour faire la fête.

On ne voyait plus la face de Brunâtre, cachée dans ses pattes.

— Personne ne pense à l'avenir. Toi, as-tu des provisions pour le futur? Est-il nécessaire que vous vous gâtiez pour le reste de vos jours? Vous imaginez-vous que le sac est inépuisable? Pourquoi ce dérèglement devant la manne? Cette imprévoyance, ces orgies de parvenus sans intelligence? Pourquoi vous étourdir et tourbillonner comme si l'abondance devait durer toujours? Pourquoi ne pas remercier au lieu de vous gaver? Pourquoi vous préparer des jours de tristesse? Il n'y a pas si longtemps, nous étions heureux, tu te souviens?

Et dans le fond de son cœur, Brunâtre se souvint du paisible temps. L'autre disait:

— Aujourd'hui la population est folle, parce qu'elle est riche. Elle oublie qu'il faudra continuer de vivre quand la prospérité sera finie. Demain, remarque ce que je te dis, elle sera misérable.

Le sac va se désemplir un jour, n' est-ce pas? D'ici, il sent déjà la pourriture, et pas un ne pense à l'avenir. Mais tous accuseront leurs chefs de ne plus avoir à manger quand le sac sera vidé. Peuple insensé! Et vous viendrez me voir.

Brunâtre, qui souffrait, montra sa face. L'Ermite, s'approchant bien près, souffla ces mots, très bas :

— Maintenant je vais te dire une chose, petit. Écoute. J'espère que tu as l'œil assez ouvert pour savoir ce qui se passe. Soigneuse, ta petite, ta belle, ta promesse, ta vie, c'est une méprisée !

L'autre se raidit et lança dans une plainte :

— Qui ?

— Tu le sais qui. Tout le monde sait qui, prononça très vite le poète. Le nom de son maître, je vais te le dire.

— Tais-toi. Je le connais, cria l'enfant blessé au cœur. Tais-toi !

En pleurant, le malheureux Brunâtre s'enfuit.

Il erra toute la journée et toute la nuit d'une galerie à l'autre, resta accoudé aux poutres, parlant à la noirceur. Il se roulait dans le sable des avenues abandonnées ; finalement il alla se jeter dans les bras de l'Ermite.

— Je reste ici. Prenez-moi. Je reste. S'il vous plaît, reprenez-moi. Je reste ici.

— Enfin, Brunâtre ! Mon petit ! Mais oui, viens, viens !

Le poète le pressa contre lui :

— On viendra à nous, tu verras.

***

Les jours passèrent encore. Comme l'avait prédit l'Ermite, le sac baissa, s'épuisa, pourrit. Il ne faisait plus dans l'herbe qu'une tache nauséabonde, que le soleil et le vent achevaient d'effacer.

Le soir vint sur la fête, et le peuple avec horreur vit le drame dans l'herbe autour de lui : la famine !

On avait perdu l'habitude de la terre. Il fallut quand même y retourner. Le peuple des terriens connut alors la misère.

Tous les jours, au fond des souterrains, sous la rotonde de glaise, on voyait la file des fourmis passer devant les bureaux du charitable Ermite, afin d'avoir de quoi manger.

Or, un jour, Brunâtre, qui était l'intendant, dit sans émotion à une cliente:

— Je regrette, mademoiselle. Nos provisions sont comptées. Mon maître l'Ermite m'a donné ordre de faire au peuple une seule distribution par jour; vous avez eu la vôtre ce matin. Dommage. Trop tard, Soigneuse. Que veux-tu! Trop tard! Marche... Suivant. Soigneuse sortit sans pleurer, sans demander pardon, parce que son cœur était endurci. Elle marcha quelque temps au hasard comme une perdue. Puis elle prit une décision. Elle grimpa à un brin d'herbe élevé, s'exposa bien en vue et attendit.

Un oiseau la happa.

Pansu, qui était à l'écart et qui la surveillait au bord d'une cachette, avait vu le drame.

Quand l'oiseau fut parti dans l'espace avec Soigneuse dans son bec, tout bas, il dit avec soulagement:

— Enfin! Enfin!

Et à l'aventure il traîna sa laideur, faisant de petites escales chez les ratés, ses amis, qui ne l'endurèrent pas longtemps, parce qu'entre ratés, c'est connu, on se déteste jusqu'à se vomir.

Le rival

La petite rivière s'en allait doucement dans le matin. Les nuages en passant se regardaient dans l'eau; et bien au fond de la rivière, où sont les roches luisantes sur le sable fin, les poissons circulaient sans se frapper.

Derrière un remous, deux poissons parlaient sous un rideau de mousse.

Le plus jeune, les nageoires frémissantes, questionnait l'autre sans le regarder; il se nommait Poisson d'Or. Et l'autre, le plus vieux, se promenait aller et retour en faisant des bulles avec sa bouche, et chaque fois qu'il tournait, sa queue donnait un coup de rame; il se nommait Longue-Haleine.

— Ensuite?

— Ensuite?

Et Longue-Haleine continua:

— Ensuite, je suis remonté à la surface. J'ai zigzagué longtemps, puis j'ai rencontré un filet de pêche que j'ai évité. Plus loin, je me suis battu avec une alose, finalement je lui ai échappé; et fier d'être libre et sans reproche dans cet immense bassin sans fond, j'ai piqué droit sur le soleil et, vers le soir, je ne sentais plus les grains de sel dans ma bouche...

Il fit un silence.

— ... Ma course était finie; je venais de traverser la mer.

— Ah! fit respectueusement Poisson d'Or.

Longue-Haleine poursuivit :

— Il ne me restait plus qu'à chercher l'embouchure du fleuve, puis celle de la rivière, et vous m'avez vu revenir ici.

— Quel grand voyage vous avez fait!

— N'est-ce pas?

— La rivière a dû vous paraître étroite au retour?

— Oui. Quand on a vu la mer avaler le soleil couchant, quand on a vu les îles de corail, les vagues qui montent à la hauteur des pins, les immenses marées, les huîtres qui flottent à l'aventure cherchant une roche où attacher leur vie, quand on a vu tout ça, la rivière paraît petite.

— Ça ne vous ennuie pas de me raconter vos voyages?

— Non. Ça me fait plaisir.

— Qu'est-ce que vous me disiez des huîtres?

— Les huîtres? Elles passent leur jeunesse à la surface des eaux et voyagent tant qu'elles peuvent avant qu'il ne soit trop tard.

— Trop tard?

— Un jour, une coquille leur pousse sur le dos : c'est l'adieu à l'aventure; elles calent, s'agrippent à une roche... Et puis, elles font des perles pour racheter leur jeunesse.

— Comme c'est beau! s'exclame Poisson d'Or. Les huîtres doivent avoir une âme.

— Dans les mers d'Australie, continua le voyageur, j'en ai vu de vraies, avec l'intérieur de la coquille en nacre. Aux îles Ceylan, j'ai suivi des plongeurs qui les ramassaient dans des paniers accrochés à leur dos.

— Quel grand voyage vous avez fait!

— J'ai connu l'abîme où ne va pas la lumière, où c'est glacial, où l'eau est lourde et les buissons pervers. De loin, j'ai vu des serpents agitant des flammes électriques. J'ai vu d'étranges poissons, portant une lampe allumée au bout d'une antenne.

— Avez-vous vu des étoiles vivantes ?

— Il y a tellement de choses à voir dans la mer, repartit l'aventurier...

— Quel était votre but, monsieur Longue-Haleine ?

— La loi de l'aventurier, c'est : ne t'attache à rien, passe. Moi, j'emporte tout, je garde tout.

Et il montra ses vieilles nageoires usées.

— Je croyais que vous cherchiez quelque chose, dit Poisson d'Or.

— Je ne cherche rien. Ça te déçoit ?

— Un peu, avoua le jeune.

Puis hésitant :

— Vous croyez en Dieu ?

— Il y a tellement de choses à voir dans la mer...

— Vous allez repartir ?

— Oui.

Longue-Haleine se promena en silence quelques instants, puis questionna à son tour :

— Pourquoi me fais-tu parler ? Que veux-tu savoir ?

— J'ai quelque chose à vous demander, mais c'est très difficile.

— Va donc. On verra. Ne sois pas gêné si je me promène, c'est une habitude ; il faut que je remue.

— Pendant votre absence, je me disais : quand Longue-Haleine sera revenu, je lui parlerai.

— Eh bien, qu'est-ce que c'est ?

— J'aime beaucoup Trembleuse et ma mère.

— Quel est ton secret ?

— Je veux partir.

Longue-Haleine s'arrêta net :

— Avant d'aller plus loin, tu vas me dire franchement si c'est moi qui t'influence.

— Non. Du tout, répondit Poisson d'Or. J'y pense depuis longtemps.

— Parce que, si c'est moi, je vais me taire ; je ne veux le malheur de personne.

— Je viens vous voir comme on consulte l'itinéraire. Je veux chercher ce que vous n'avez pas trouvé.

— Quoi ?

— Une route menant dans un endroit où il faut beaucoup de courage, où l'on parle de la mort avec un grand sourire.

— Je ne connais pas la route que tu cherches.

— Comment se fait-il ? Vous êtes allé si loin !

— Qu'est-ce qui t'attire ?

— Un appel en dedans de moi. Voulez-vous m'aider ?

— Tu es appelé à quelque chose qui me dépasse. Que veux-tu que je fasse ?

— Aidez-moi à convaincre Trembleuse et maman Océane, pour qu'elles me laissent partir. Comme l'huître, je veux faire une perle.

— Je suis ton guide très dévoué, Poisson d'Or.

* * *

Puis, Longue-Haleine s'en fut voir maman Océane, la mère de Poisson d'Or.

— Madame Océane, commença-t-il de loin, je veux vous parler.

— Longue-Haleine ? Venez. Alors, quoi ?

Il s'approcha et dit avec respect :

— C'est au sujet de Poisson d'Or.

— Ensuite ?

— Vous êtes habituée aux nouvelles de toutes sortes ?

— Parlez.

— Quand elles sont mauvaises, que faites-vous ?

— Je descends chez nous sans rien dire, me cacher entre les herbes.

— Et quand elles sont bonnes ?

— Je monte à la surface.

— Je vous apporte de bonnes nouvelles, dit Longue-Haleine. Poisson d'Or va nous quitter.

— Où va-t-il ?

— Là-bas.

— L'aventure ?

— Au-dessus de l'aventure. Il est venu me consulter tout à l'heure au sujet d'une route que je ne connais pas. Il a beaucoup d'idéal, votre fils ; je viens vous féliciter, madame...

— Je vais le perdre ? demanda la mère.

— J'ai vu beaucoup de gens, beaucoup de choses avec mes yeux, dit l'aventurier. J'ai vu la guerre, les mines qui explosent ; les torpilles qui chassent les navires en fuite ; les grèves, les pieds nus des baigneurs, les enfants qui barbotent, les sirènes qui plongent ; la ligne du pêcheur et le bouchon qui danse ; le ventre des canots emportant la jeunesse ; l'hélice des moteurs qui tourne dans l'écume ; le radeau des perdus ballottés sous la lune ; j'ai vu le fond, les oreillers de mousse, où dorment les noyés ; les roches visqueuses où pondent les femelles, dans les joncs sans lumière ; j'ai vu des soleils pleuvoir sur la crête ; j'ai frôlé les bouées rouges, avec leur clochette éternelle ; j'ai bu aux sources ; j'ai culbuté dans les chutes et mangé dans les lacs ; je me suis battu sur les bancs de

Terre-Neuve et puis j'ai filé où l'on pêche les perles; mais ce que j'ai vu de plus beau, c'est votre fils. Je suis un poisson errant comme un oiseau sans nom. Je venais vous féliciter, madame, et vous supplier de le laisser aller.

La mère réfléchit et demanda:

— Quand part-il?

— Avec votre permission... ce soir, au couchant. Je le guiderai jusqu'à la mer. Ne pleurez pas, madame.

— Je monte à la surface, dit-elle.

À la surface, il y avait de grands rayons de soleil qui pendaient dans l'eau; de tout petits poissons passaient à travers, à la queue-leu-leu. Des brins d'herbe en voyage descendaient sur les vagues; au bord, pour s'amuser, des libellules se trempaient le bout des ailes.

Maman Océane regarda toute cette vie qui grouillait. Puis elle partit avec ses vieilles nageoires, et retourna chez elle, dans sa petite baie.

Au même moment, un peu plus loin, à l'endroit où l'eau s'attarde à lécher les roches, Trembleuse — une petite passionnée — parlait avec Poisson d'Or, celui qu'elle aimait:

— Monsieur Poisson d'Or est songeur depuis quelques jours.

— Oui.

— Ce matin, je suis allée chez toi, et tu n'y étais pas.

— Non.

— Qu'as-tu?

— Je n'ai rien.

— Tu me caches quelque chose.

— Mais non.

— Ça t'a pris à la fête, l'autre soir, dans les roseaux; tu regardais danser les autres, et tu n'as pas voulu danser avec moi.

— Je ne sais pas danser.

— Rubannette est-elle plus belle que moi?

— Il n'y a pas de Rubannette; il n'y a personne. Ne te tourmente pas davantage.

— Pourtant au soleil, j'ai un dos qui brille, murmura la petite en tournant gracieusement.

— Trembleuse, lui dit Poisson d'Or, tu es la plus belle de toutes les poissonnes; jamais je n'ai vu des nageoires frémir comme les tiennes; tu es la plus belle de tous les enfants des eaux; et, si tu veux le savoir, tous les filets de pêche, tous les hameçons qui pendent dans nos sentiers sous-marins sont là pour te saisir, toi.

— Qu'est-ce que c'est? Tu ne m'aimes plus?

— Tais-toi, veux-tu?

— Prouve que tu m'aimes alors.

— Puisque je ne suis pas parti encore! criait-il.

— Partir?

Elle resta muette, immobile. Poisson d'Or regretta d'avoir parlé.

— Tu me l'as arraché, Trembleuse. Je ne voulais pas le dire.

— Partir? répéta-t-elle. Tu veux t'en aller? C'est donc ça? Tu prépares l'itinéraire avec Longue-Haleine?

— Écoute, petite.

— Partir, toi?

— Oui. Trembleuse, il ne faut pas pleurer.

— Mais je t'aime.

— Je crois que le moment est venu de te parler.

— Poisson d'Or!

— Justement, si tu m'aimes, il ne faut pas pleurer.

— Mais je mourrai.

— Un chagrin de cœur, ça se guérit; moi, je suis moins sûr de guérir.

Elle vira plusieurs tours et dit, affolée:

— Qu'est-ce que c'est? Est-ce que tu reviendras? Si c'est un voyage, je t'attendrai autant de marées que tu voudras, je ne bougerai pas d'ici.

— Je ne reviendrai plus, murmura-t-il sans la regarder.

— Où vas-tu?

— Par là-bas.

— Qui t'attend? Qui t'a ensorcelé? Qui te vole? Où est-elle?

— Ce n'est pas une autre.

— Qui peut t'aimer plus que moi?

— Trembleuse!

— Amène-moi.

— Trembleuse!

— Amène-moi, partons, tout de suite; allons-nous-en. J'avais rêvé une vie d'amour dans le sable de notre rivière; ou bien là-bas dans la fraîcheur des gros pins, où le soleil ne vient presque pas. Mais si c'est la mer que tu veux, partons. Près de toi, je me battrais contre un requin! Je n'ai pas peur, partons! Allons guérir ton mal, amène-moi, sans adieux, tout de suite.

Elle le suppliait.

— Je t'aime!

— Comme tu es loin d'être sage!

— Je t'aime jusqu'à la mort!

— Trembleuse!

— Poisson d'Or, je ne veux pas te perdre; je veux boire le sel de l'océan avec toi; je veux respirer en même temps que toi dans les remous inconnus; c'est pour toi que je me suis gardée.

— Trembleuse, cesse ! lança-t-il de toute sa force. Je te défends de me crier ton amour. Je te défends de briser mon courage. Ne vois-tu donc pas, aveugle, que je suis à t'adorer ? Et qu'il ne m'est pas permis de le faire ? Parce que je suis réservé pour un autre destin ? Ne vois-tu donc pas que c'est ta beauté qui me barre la route ? Et que je suis ton prisonnier dans cette rivière ?

Il ajouta sans violence :

— Si tu me comprenais, si tu savais la tempête que je subis, tu partirais devant moi silencieusement, en me faisant signe de te suivre. Et je te suivrais jusqu'à la cascade. Là, dans l'eau froide, où sont les roches pointues et les boules d'écume, nous nous dirions adieu sans pleurs ni cris. Moi, je piquerais dans le fleuve sans me retourner, puis dans la mer... là-bas où je veux aller. Toi, tu reviendrais sagement. Dans les matins de soleil, tu prierais pour moi ; tu te guérirais à la longue, en pensant que j'obéis à un appel plus impérieux que celui d'être ton époux.

Tâchant d'être raisonnable, elle demanda :

— Qui t'appelle ?

Poisson d'Or ne répondit pas.

— Va, dit-elle sans rancœur.

— Trembleuse, je te jure que sur terre tu n'as pas de rivale.

— Va, répéta-t-elle.

— Je me mettrai en route au soleil couchant.

— Va.

— Parce que demain je ne pourrai plus.

Et l'eau grouilla derrière eux. Ils firent silence. Maman Océane approchait.

— Je peux venir ?

— C'est maman, dit tout bas le fils.

— Je ne veux pas qu'elle me voie.

— File par là.

— Rejoins-moi.

— Aux roseaux. File.

— Mais non, Trembleuse, fit la mère qui était à deux brasses. Ne me crains pas ; j'ai déjà vu pleurer. Je sais ton chagrin. Reste.

— Vous savez, madame ?

Longue-Haleine, qu'on n'avait pas vu, parut à son tour derrière maman Océane. Il s'avança, se promena un peu et dit au fils :

— Je lui ai raconté, Poisson d'Or.

— Et puis ?

— Et puis, fit la mère, le soleil est encore haut ; profites-en, c'est un si long voyage !

Poisson d'Or se pressa contre sa mère.

— Trembleuse et moi resterons. Partez, dit la vieille.

— Non ! cria Trembleuse révoltée.

— Trembleuse, gémit Poisson d'Or, je te jure que sur terre tu n'as pas de rivale.

— Va, dit-elle en se cachant près de maman Océane. Va…

— Adieu ! maman.

Et se tournant vers son guide, Poisson d'Or commanda :

— Longue-Haleine, piquons vers la mer.

Et ils partirent tous les deux, en décrivant une courbe, comme des oiseaux dans l'air.

***

— Partis ! souffla Trembleuse. L'eau ne bouge plus. Le petit sentier de bulles est disparu.

— Pleure, Trembleuse, dit doucement la vieille. Après nous monterons à la surface, nous irons regarder le ciel.

— Je ne les vois plus, soupira la petite. Mon Poisson d'Or est parti!

— Il y a un grand soleil rouge en haut, dit la mère.

— Maman Océane, qui peut-il aimer plus que moi?

— Viens là-haut. Je te le dirai.

— Oui?

Toutes les deux filèrent doucement par en haut. Rendue à la surface, la vieille dit:

— Regarde.

Et la mère dévoila le secret de son fils:

— *Il cherche le chemin du lac Tibériade afin d'être compté dans les filets de Pierre.*

Table des matières

BF BIBLIO · **FIDES**